계엄에서 탄핵까지
123일,
시간의 기록

계엄에서 탄핵까지
123일,
시간의 기록

증언
**심미선
임윤옥
유사원
송윤정**
기록
남효민

알파소

prologue

계엄에서 탄핵까지의 123일,
그리고 삶
탄핵 인용 이후 5월에서 9월까지
심미선 임윤옥 유사원 송윤정이 증언하고
남효민이 기록하다.

"네 명의 시선"

　　서울 시내에 모습을 드러낸 장갑차, 국회를 둘러싼 군병력, 국회 상공을 나는 헬기. 계엄군에 의해 봉쇄된 국회의 문, 국회 담장을 넘어 본회의장으로 들어가는 국회의원들, 총을 든 군인들과, 그들을 맨몸으로 저지하는 시민들. 영화의 한 장면이 아니었습니다. 2024년 12월 3일, 대한민국에 실제로 일어난 일이었습니다. 우리 모두가 목격한 실제 상황이었습니다.

　　모두가 두려웠을테지만, 권력이 무슨 짓을 하려는지를 이내 깨달은 시민들의 분노는 공포와 두려움을 이겨냈습니다. 그래서 한겨울 시린 맨발로 국회 앞으로 뛰쳐 나와 맨손으로 총을 든 군인을 달래고 장갑차를 막아섰습니다. 스마트폰을 통해 실시간으로 현장의 영상과 메시지를 공유하며 분노는 더더욱 빠르게 확산되어 갔습니다. 그 혼란이 두렵지 않은 사람이 과연 있긴 했을까요? 그럼에도 우리는 서로를 지키고, 나라를 지키기 위해 그 한가운데로 뛰어들었습니다.

권력을 손에 쥐고 있던 3년 간 윤석열 정부는 민의를 대변해야 할 여러 기구들을 자신들의 입맛대로 조작해 왔습니다. 공영방송을 장악하기 위해 갖은 방법을 동원했고 반대하는 이들의 숨통을 옥죄었습니다. 정권이 장악한 권력기관들은 제 기능을 하지 못했고 법과 언론은 권력의 손을 잡았습니다. 그 모든 과정에서 당연하게도 우리들의 목소리는 묵살되었습니다. 무능한 권력의 몰상식이 우리의 민주주의를 잠식해 왔습니다. 그것으로도 모자라 그들은 권력독식을 위해 비상계엄이라는 믿을 수 없는 카드를 꺼내든 것입니다.

뜬눈으로 밤을 새운 다음 날 새벽, 국회가 계엄 선포의 효력을 정지시킨 이후에도, 아주 오랫동안 뉴스의 헤드라인은 매일같이 우리의 분노를 일깨웠습니다.

이례적이고 위태로운 시간을 통과하는 동안 우리는 조금씩 다른 방식으로 각자의 하루를 살아냈습니다. 아침이면 아이를 등교시키고, 출근길에 휴대폰으로 뉴스를 확인하고 두려움과 피로를 나누면서, 우리는 같은 시대를 견디고 있었습니다. 별일 없을거라 자위하면서도, 언제 어디서 어떤 일이 일어날지도 모른다는 불안함, 그럼에도 할 수 있는 게 없다는 무력감, 그 초조한 공기를 우리 모두는 어딘가에서 호흡하고 있었습니다. 그 불안함과 무력감을 불씨 삼아 우리는 광장의 함성을 만들어냈고 촛불의 크기를 점점 키워갔습니다.

　내란과 탄핵. 이 이야기는 그 시간들을 되짚으면서 시작됐습니다. 12월 3일 이전부터 이미 각자의 영역에서 민주주의의 균열을 감지하고, 그 틈을 메우기 위해 노력해 온 이들이 있습니다. 변화의 한복판에 우리와 함께 서있던 목격자이기도 합니다. 이들의 시선을 따라 우리가 목격한 시대의 균열과 그 속에서 지켜낸 것들을 기록하고 싶었습니다. 그래서 인터뷰를 제안했을 때 이들은 되물었습니다. "나의 일상이, 나의 경험이, 누군가에게 중요하게 가 닿을 수 있을까요?"

　이들의 우려를 이해할 수 있었습니다. 하지만 정치적 사건이든, 사회적 격변이든, 언론에 포착되지 않은 채 흘러간 수많은 장면들도 누군가의 증언과 기록에 의해 존재해 왔다고 믿었습니다. 그래서 이들이 했던 경험은, 이 시대를 읽어내는 또 하나의 언어가 되어줄 수 있을 거라 생각했습니다. 이 기록은 저에게도 이들에게도 선택이 아니라 당연한 책무라 여겼습니다.

　인터뷰를 하는 동안 제가 만났던 이들의 경험은 고유했습니다. 하지만 각자의 현장에서 싸워온 경험들이 언어로 발화되는 순간, 서로 닿아 있음을 확인했습니다. 불의에 침묵하지 않는 태도와 질문을 멈추지 않는 용기가 그것이었습니다. 그래서 이들의 이야기는 '나'라는 개인에서 시작해 '우리'라는 공동체로 향합니다.

어떤 사람들은 정치는 나와 상관없다고 말합니다. 하지만 우리는 보았습니다. 세상이 올바른 방향으로 흘러가지 않을 때 결국 나의 하루, 나의 가족과 미래를 얼마든지 흔들 수 있다는 것을요.

서로의 증언과 기억을 통해 아직 꺼지지 않은 질문에 대한 각자의 답을 모았습니다. 끊임없이 질문하며 변화를 만들어 온 이들은 증언은, 내란을 통과한 우리의 시대적 과제에 대해 주체적으로 묻고 있습니다.

이들의 이야기는 정답을 제시하지 않습니다. 대신 순간순간 자신들이 했던 선택을 통해서 '우리는 지금 어디쯤 와 있는가?'라는 가장 근본적이고 치열한 질문을 던집니다.

내란의 파고를 함께 건너온 이들의 얘기는 역사적 위인들의 무용담이 아닙니다. 그 시간을 정리하고 분석하고자 하는 것도 아닙니다. 누군가를 위로한다거나 누군가에게 해명을 요구하기 위한 것도 아니고, 계엄과 탄핵, 혹은 거대 정치의 뒤편에 숨은 '사실관계'를 따지려는 것도 아니지요.

이 기록은 '당신은 혼자가 아니다'라는, 낡았지만 가장 필요한 위로와, 지금 이 자리에서 새로운 질문을 던질 수 있는 용기를 함께 나누고 싶다는 다짐입니다. 이 책이 당신에게 질문할 수 있는 힘이 되기를 바랍니다. 그래서 이 이야기가 여기서 끝나지 않기를, 다시 질문을 시작하는 누군가에 의해 새로운 미래로 이어지기를, 진짜 변화가 여기서부터 시작되기를. 시대를 바라보는 네 개의 시선에, 당신의 시선이 더해지기를.

이 모든 바람을 조심스럽게, 그러나 단단하게 당신 곁에 두고 싶습니다. 함께 목격해 주십시오. 그리고 당신의 이야기로, 이 시대의 기록을 이어가 주십시오. 진심으로, 그 시작을 함께 할 수 있기를 소망하며 이제 이야기를 엽니다.

계엄에서 탄핵까지의 123일, 그리고 삶
탄핵 인용 이후 5월에서 9월까지
심미선, 임윤옥, 유사원, 송윤정이 증언하고
남효민이 기록하다.

CONTENTS

prologue   "네 명의 시선"   005

길을 잃은 언론을 통해 보는 시간의 기록   012
심미선 순천향대학교 미디어커뮤니케이션학과 교수

길을 잃은 언론 – 저널리즘과 찌라시
사유없는 언론 – 따옴표 저널리즘
나는 무엇을 목격했는가 – 권력의 폭주에 침묵한 언론
현실이 사라진 언론 세상
유튜브로 넘어간 저널리즘
저편의 언론이 던진 교훈

공장에서 시작해 광장으로 이어진, 시간의 기록   052
임윤옥 전 한국여성노동자회 상임대표
현 성평등노동연구소 〈소소〉 공동소장

존재 이전의 시간 – 공장으로 간 여대생
'여성노동'이라는 낯선 이름
나는 무엇을 목격했는가 – 후퇴한 성평등 그리고 내란 세력
광장에, 우리가 있었다
계엄과 탄핵으로 드러난 민주주의 위기와 젠더 불평등
광장의 언어로 함께 꿈꾸는 사회

상처와 고통에서 치유와 회복으로 이어진, 시간의 기록   100
유사원 문화기획자
         한국예술종합학교 기술지주 자회사 (주)케이아츠크리에이티브 대표

철학이 사라진 문화예술 정책, 퇴행의 시간
비상계엄, 무대를 덮치다
나는 무엇을 목격했는가 – 문화예술의 사유화, 그리고 프레임에 갇힌 예술
예술과 민주주의, 축제와 광장
문화예술, 상처를 품다

공공재정의 영업비밀을 드러낸, 시간의 기록   142
송윤정 〈나라살림연구소〉 연구원

공공재정, 디테일 속에 숨어 있는 악마
감시자가 된 시민 – 시민의 무게와 한계
나는 무엇을 목격했는가 – 권력의 전유물이 된 국가재정
다시, 공동체를 상상하다

epilogue   "여정의 끝에서 다시 묻습니다"   178

길을 잃은 언론을 통해 보는
시간의 기록

    심미선 교수는 순천향대학교 미디어커뮤니케이션학과 교수로 재직 중이며, 언론의 공공성과 사회적 책임에 대한 깊은 관심을 바탕으로 다양한 연구와 활동을 이어오고 있다. 그는 공영방송과 프레임 분석, 미디어 리터러시, 다매체 환경 등 폭넓은 연구 분야로 학계는 물론 다양한 언론 매체에 영향력을 확보하고 있다. 그의 이러한 행보는 연구실 안에만 머무르지 않는다.

    방송통신위원회 방송평가위원과 보편적 시청권 보장위원회 위원으로서, 방송이 지역과 계층을 넘어 모든 이에게 열려 있어야 한다는 원칙을 정책에 반영하려 애썼다. 지역신문발전위원회 위원으로 활동하며 지역 언론의 지속가능성과 민주적 역할을 강화하는 과제를 다루기도 했다. 문화방송 편성국 전문연구위원과 시청자평가원, 시청자위원회 위원장 등 다양한 공적기구에서 활동하며 미디어 정책과 제도 개선에도 참여해 왔다.

    이러한 그의 활동들은 '언론의 공공성'이라는 한 축으로 모인다. 연구실 안에서의 이론적 분석과 현장에서의 정책, 평가 경험이 맞물려 언론이 권력과 시장의 압력 속에서도 지켜야 할 사회적 책무가 무엇인지를 끊임없이 묻고, 답을 찾아왔다.

미디어는 사회와 밀접한 관계를 가진 학문이지만 학자는 이론으로 얘기하면 된다고 믿어왔다. 하지만 지난 2~3년 정부와 언론의 행태를 보며 참을 수 없는 분노를 느꼈고, 사회문제에 더 깊은 관심을 가지게 됐다고 한다.

언론이 진실을 말할 때, 권력은 감시받고, 시민은 그 과정에서 스스로 사고할 수 있다. 그런데 2024년 12월 3일, 이 당연한 원칙이 한순간에 무너졌다. 시민들은 윤석열 정권의 비상계엄령 선포와 탄핵이라는 초유의 사태를 마주했고 언론은 이러한 위기의 순간에도 스스로의

역할을 망각한 채 무기력하거나, 적극적으로 왜곡하는 모습을 보였다.

그는 윤석열 정부의 비상계엄령 사태와 탄핵 정국을 둘러싼 언론 보도 구조를 분석하며 정치권력과 언론의 유착, 언론의 자율성 상실 문제를 강하게 비판해 왔다.

언론은 어디에서부터 길을 잃고 진실을 포기했을까? 시민들은 무엇을 기억해야 할까? 이 이야기는 명확한 언어와 끈질긴 질문으로 이 시대의 언론과 사회를 해부해 온 그가 전하는, 언론이 포기한 사유와 사라진 진실에 관한 이야기이다. 동시에 여전히 질문하는 시민의 힘에 대한 대화이다.

길을 잃은 언론 – 저널리즘과 찌라시

"계엄령이 선포되던 날, 군인들이 총을 들고, 무기를 가지고 나왔어요. 국회에 헬리콥터가 내려앉았어요. 그걸 대통령이 명령했고 전 세계 사람들이 다 지켜봤어요. 만약에 누군가가 지나가던 사람을 해치려고 했어요. 그런데 옆에 있던 사람들이 말리는 바람에 미수에 그쳤다고 쳐요. 그럼 죄가 없는 게 되나요? 그런데 이런 일을 벌여놓고 국민들을 계몽시키려고 했다는 말을 하는 거, 그리고 그 말을 의심 없이 전하는 언론, 이게 가능하다는 거 자체가 우리 사회가 병들어 있는 거라고 봐요. 이건 진보와 보수의 문제가 아니잖아요. 상식과 몰상식의 문제죠. 오늘날 언론의 가장 큰 문제는 사유하지 않는다는 거에요."

언론은 사회의 거울이어야 한다. 그러나 오늘날 한국 언론은 더 이상 현실을 비추지 않는다. 오히려 비판없이 권력의 프레임을 받아쓰고, 가짜뉴스와 찌라시를 재생산하는 구조로 전락하고 있다. 그는 이 현상을 단호히 지적한다.

"요즘 언론은 프레임을 만들고, 그 프레임에 사람들을 끌어들이는 데 급급해요. 진실을 밝히려는 노력이 아니라, 프레임을 통해서 감정을 자극하면 여론을 움직일 수 있다고 믿어요. 예를 들어서 의대 증원 문제만 해도 그래요. 윤석열 정부가 의대 정원을 2천 명까지 증원하겠다고 발표했어요. 이건 의료체계는 물론이고, 생명, 사람의 건강과 직접적으로 관련된 문제잖아요. 공적인 검토는 충분했는가와 같은 다양한 사회적인 토론이 필요한 사안인데, 대부분의 언론이 어떻게 했나요? 비판적 검토 없이 정책을 그대로 따라가고 오히려 '집단반발' 같은 용어를 사용하면서 의사들을 악마화 했어요. '문제를 제기하고 비판하라'는 언론 본연의 기능을 포기함으로써 사회적 분열과 왜곡된 정보만 확산시킨 거죠. 한덕수 국무총리가 대통령 권한대행 직을 수행하고 있을 때 헌법 재판관 임명을 지연시켰죠. 명백한 헌정질서 훼손이에요. 언론은 이걸 지적하고 감시하는 역할을 해야 되는데 그때도 언론은 제대로 책임을 묻거나 보도하지 않았어요. 오히려 특정 권력층의 시각을 그대로 따른다거나 이걸 정당화하는 논조의 보도만 있었죠."

언론은 더 이상 진실을 추구하지 않는다. 자신의 책무를 외면하고 권력이 지향하는 방향으로 현실을 왜곡한다. 문제는 이러한 왜곡이 일부 황색언론에만 국한되지 않는다는 점이다.

"취재? 안 해요! 팩트 체크? 안 하죠! 저널리즘의 기본이 사라진 주류 언론은 찌라시 역할만 하면서 표현의 자유를 주장해요. 확인도 안 된 이야기를 그대로 기사로 내고, 클릭 수만 노리면서도 염치는 사라진 지 오래죠. 저널리즘의 기본이 사라진 거에요."

그는 정확한 취재와 사실 검증, 균형 잡힌 분석 없이 속보 경쟁과 선정성만 남은 언론을 '찌라시 화 된 언론'이라고 표현한다. 찌라시 화 된 언론은 사실 확인을 포기한다. 그 결과, 가짜뉴스가 주류 기사로 둔갑한다.

"제 수업을 듣는 학생이 2025년 1월 한 종편 채널의 뉴스 헤드라인을 찾아왔어요. '삼십대의 50%가 탄핵을 반대한다'*는 내용

---

* 채널A(2025. 01. 13.). 30대 '탄핵 반대' 51.8%,
  https://www.ichannela.com/news/main/news_detailPage.do?publishId=000000454810

이었는데 누가 봐도 이건 근거 없는 가짜뉴스거든요. 그런데 뉴스를 보면, 그 조사를 누가 언제 어디서 했는지 밝히지도 않고 그냥 '또 다른 여론조사에서는 30대의 50%가 탄핵 반대'라고 일방적으로 보도하고 끝인 거에요. 이런 걸 보도 하려면 최소한 어느 조사기관에서 발표했는지 밝혀야 하고, 구체적인 조사방법에 대해서는 자막으로 표시해야 하거든요. 또 상식적으로 이해하기 어려운 수치가 나오면 전문가와의 인터뷰를 통해 팩트 체크 과정을 거쳐야 하는데, 그런 과정이 생략된 거지요. 그런데 찌라시도 아니고 주류 언론에서 이런 보도를 했다는 사실이 참담할 뿐입니다."

진실을 확인하려는 노력없이, 그럴싸한 수치를 앞세워 여론을 조작하는 기사들이 넘쳐난다. 검증되지 않은 수치가 제목이 되고, 출처 불명의 소문이 기정사실이 된다. 이렇게 언론은 스스로의 신뢰를 파괴하며 길을 잃었다.

종편 ○ 채널 (2025. 01. 13.), 30대 '탄핵 반대' 51.8%,

[앵커]
이렇게 국민의힘 지지율이 오른 데에는 2030 세대가 있다는 평가가 나옵니다. 윤석열 대통령 탄핵을 반대하는 비율도 평균보다 높았습니다. 이어서 ○○○

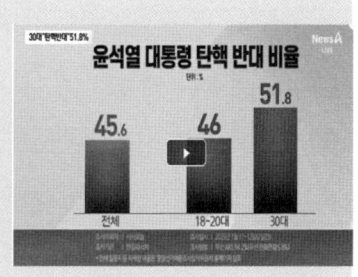

기자입니다.

[기자]
20대에서 여야 지지율이 요동치고 있는 것으로 나타났습니다.

1월 2주 리얼미터 여론조사 결과, 20대에서 국민의힘의 지지율은 43%, 민주당은 31.7%였습니다. 지난 조사와 비교하면 국민의힘은 9.9%p 올랐고 민주당은 11.1%p 떨어졌습니다.

4050세대를 중심으로 정권 교체 여론이 높았지만 20대에선 정권 교체와 정권 연장 의견이 팽팽하게 맞섰습니다.

또 다른 여론조사에서는 윤석열 대통령 탄핵 반대 비율이 2030에서 평균보다 더 높았습니다. 전체 탄핵 찬성 비율은 52.3%, 반대는 45.6%로 나타났는데, 20대에서는 46%가 윤 대통령 탄핵에 반대한다고 답했고, 30대의 경우에는 절반이 넘은 겁니다.

윤 대통령 지지율이 4050세대에서 40%를 넘기지 못한 것과 달리, 2030세대에선 모두 40%를 넘겼습니다. 최근 여당과 윤 대통령 지지율 상승을 2030세대가 이끄는 모습입니다.

[○○○ / ○○○리서치 소장]
"(2030 세대는) 계엄 과정에서 대통령의 위법사항에 대해서도 문제를 제기하지만, 내란죄 수사 과정, 집행 과정에서 법 집행이 제대로 지켜졌는지도 지켜보기 때문에"

전문가들은 2030은 이슈에 민감한 만큼, 여론은 언제든 변동할 수 있다고 덧붙였습니다.
채널A 뉴스 ○○○입니다.

사유없는 언론 – 따옴표 저널리즘

그렇게 언론은 진실을 다루는 수고는 외면한 채 사유 대신 인용에, 책임 대신 따옴표 뒤에 숨기 시작했다. 심미선 교수는 이 현상을 이렇게 설명한다.

"기사를 보면 따옴표 투성이에요. 정치인이 페이스북에 쓴 글을 그대로 베껴 쓰고, 누가 무슨 말을 했다면서 그대로 인용만 하죠. 정치인의 페이스북 발언, 연예인의 SNS, 무명 유튜버의 발언까지, 검증 없이 인용하고 복제하는 식입니다."

오늘날 따옴표로 가득한 언론은 타인의 발언에 의존해 사실이 아닌 이야기들을 유통시키는 무기력한 상태를 보여준다. 그는 '취재의 포기'를 주요 원인으로 본다.

"신문기자, 방송기자들 있잖아요. 취재 안 해요. 그냥 남의 SNS만 보는 것 같아요. 취재 현장에 나가야 할 기자들이 보도 자료를 복사하거나 SNS를 검색하는 데 시간을 보내고 있는 거죠. 물론 예산이 부족해서 취재비를 지원받지 못하는 열악한 시스템에도 문제는 있어요. 또 빠르게 기사를 써야 하는 압박감 때문에 따옴표에 몰두할 수밖에 없다는 걸 이해한다고 해도, 그래도 팩트 체크는 해야 되는 겁니다."

팩트 체크조차 없는 따옴표 저널리즘은 사회적 폐해를 낳는다. 오세훈 서울시장과 중증외상센터 예산 삭감 논란이 대표적인 예이다.

"대표적인 게 최근에 나왔던 오세훈 서울시장과 관련된 '중증외상센터 예산' 보도에서 드러나죠. 중증외상센터 예산이 삭감됐는데, 2024년 12월에 조선일보는 서울시가 중증외상센터 운영비 5억을 지원했다면서 '오세훈 시장의 빠른 결단이 생명을 살렸다'는 식의 기사를 내보냈어요. 요지는 거대 야당의 횡포로 국민의 생명과 직결되는 중증외상센터 예산이 삭감되었으며, 그 예산을 오세훈 서울시장이 살렸다는 점을 부각시킨 거예요. 그런데 이 기사를 보면 사실관계를 검증하거나 반론을 요청하거나 전문가적 분석을 덧붙인 내용이 전혀 없어요. 오시장의 페이스북 내용을 짜깁기해서 따옴표로 받아쓴 게 전부에요. 조선일보가 띄워주니까 연합뉴스가 그대로 받더라고요. 그리고 나서 이틀정도 지나 한겨레신문에서 반박 기사가 나옵니다. 요지는 더불어 민주당 박주민 의원이 국회 보건복지위원회 위원장인데, 원래 중증외상센터 예산은 정부가 원안부터 0원으로 편성했고, 국회에서 8억 8천만 원으로 증액했지만 국민의 힘과 정부가 삭감했다는 거예요. 이 사안이야말로 쉽게 팩트 체크를 할 수 있었지만, 언론은 이런 반론이나 사실관계는 외면하고 따옴표만 계속해서 보도한 거에요. 심지어 한겨레신문을 통해 팩트 체크가 확인되었음에도 불구하고 일부 매체에서는 여전히 초판 보도를 반복하거나 해명 없이 기존 내용을 재탕하더라고요."

이런 구조는 특정 인물을 띄우거나, 특정 이슈를 묻는데 사용되기도 한다.

"조국 전 장관의 딸 조민 씨 관련 기사는 민언련 모니터링 결과, 5천 7백 건 이상 보도된 반면, 심우정 전 검찰총장의 딸 심민경 씨의 채용 특혜 의혹에 관한 기사는 2백 7십 건 밖에 안돼요."*

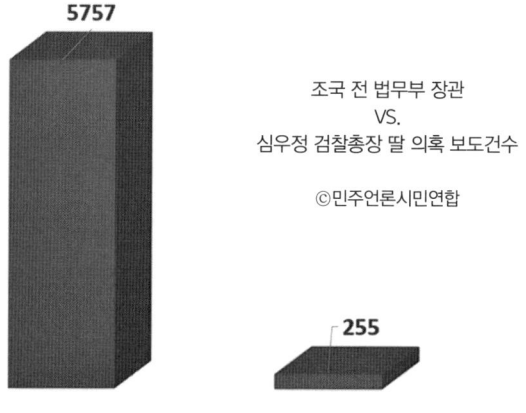

보도주제	보도건수	보도주제	보도건수
조국 전 법무부장관 딸 입시 비리 의혹 (2019/8/19~2019/8/27)	5,757건	심우정 전 검찰총장 딸 외교부 특혜 채용 의혹 (2025/3/24~2025/4/1)	255건

출처 : 슬로우뉴스

* 출처: 슬로우뉴스(2025년 04월 08일), 조국 딸 vs. 심우정 딸 https://slownews.kr/133180)

길을 잃은 언론을 통해 보는 시간의 기록 I 021

프레임을 강화해야 할 때는 쏟아내고, 불리한 의혹은 침묵으로 덮는다.

"그 결과가 뭐겠어요? 시민들은 '조민' 하면 입시비리를 강하게 떠올리지만 '심민경'의 채용 특혜에 대해서는 인지하지 못하는 정보의 격차에 놓이게 되는 거에요. 건수에서 비교가 안되니까요. 굉장히 의도적으로 편향된 언론, 이게 내가 전공하는 언론이라는 게 너무 슬픈 거죠. 언론은 시민들의 입이 되어야 된다고 가르쳐왔는데, 지금의 언론은 일반 시민에게는 관심이 없어 보여요. 권력 가까이에서 안주하고 자본의 대변자 역할만 하고 있어요. 그런데 이걸 공개적으로 공격하거나 비판하면 언론 표현의 자유를 위축시킨다고 반박하죠."

그는, 언론의 이러한 행태들이 우리 사회에 미친 영향이 없다면 그 자체로는 문제가 아닐 수도 있다고 말한다. 하지만 지금과 같은 '따옴표 저널리즘'이 반복되는 사이 사람들의 인식은 조작되고 결국 비상계엄이라는 헌정 사상 초유의 사태까지 이어졌다는 점에서 언론 역시 이 사태의 책임에서 자유로울 수 없다는 것이다.

비상계엄은 우연히 등장한 것이 아니었다. 언론이 질문을 멈추고 감시를 포기한 채 권력을 대변하며 현실을 방관하는 사이, 누군가의 상상은 현실이 되었고, 우리는 헌법의 경계 바깥을 마주하게 된 것이다.

나는 무엇을 목격했는가 – 권력의 폭주에 침묵한 언론

"저는 공무원 집안에서 태어나고 자랐어요. 아버지, 할아버지, 삼촌도 모두 공무원이었죠. 대체로 안정되게 살았던 것 같아요. 학생 때도 사회문제에 크게 관심을 갖지 않았고, 시위를 해본 적도 없어요. 두려움도 있었어요. 교수가 된 이후에는 늘 '학자는 이론으로 얘기해야 한다'는 생각을 갖고 있었고요."

안정적인 삶을 살았다고 고백하는 그가 스스로 변했다고 느낀 계기가 바로 최근 몇 년 사이였다. 전임 정부와 비교할 때, 윤석열 정부의 문제는 지나치게 노골적이고 무작위적이었기 때문이다.

'유료방송시장 정상화를 위한 공정경쟁 환경 조성 방안'을 주제로 한 특별세미나에서 발언중인 심미선 교수

"20년 넘게 교수 생활을 했지만, 이렇게 사회문제에 관심을 가지고, 화가 나고 분노를 느낀 3년은 처음이었던 것 같아요. 원래 신문 방송학은 사회와 밀접하게 연관되어 있어요. 우리가 하루도 빼놓지 않고 미디어를 이용하는 현실을 보면 알 수 있어요. 미디어와 사회와의 관계가 복잡하게 연결되어 있다는 것을 인정하더라도 윤정부에서의 3년은 언론이 얼마만큼 다른 얼굴을 할 수 있는지를 적나라하게 보여주지 않았나 생각해요. 물론 이명박 정부 시절에도 문제는 많았어요. 그때도 언론을 장악하기 위해 MBC를 탄압했고, 구성원을 해고했지만, 적어도 윤석열 정부처럼 행동하지는 않았어요. 윤정부는 모든 일이 내로남불이에요. 내 사람의 문제는 검찰도 언론도 들춰내지 않아요. 서울 한복판 이태원에서 159명이 목숨을 잃었는데도, 사건에 직·간접적으로 관련된 사람 어느 누구도 별다른 처벌을 받지 않았어요. 당시 언론보도는 참사의 원인을 파헤치기보다 이런 참사가 재발하지 않도록 대안 마련이 시급하다는 논조를 쏟아냅니다. 참사의 원인을 알아야 대안을 마련할 수 있는데, 이미 발생한 일이니 책임 공방에 시간을 허비하기보다는 건설적인 대안을 수립할 때라는 프레임으로 접근한 거에요. 언론이 집요하게 보도를 이어 나가면 여론이 형성되고, 잘못된 일은 바로 잡혀가고, 이것이 바로 언론의 견제 기능인데, 윤 정부에서는 이런 기능이 제대로 작동하지 않았던 거예요. 저를 행동하게 만든 건 결국 언론이 권력을 견제하는 대신 우호적인 관계를 선택하면서 우리

이태원 참사 희생자들을 기리는 메모로 가득한 추모의 벽

사회가 지켜야 할 최소한의 기준조차 내팽개친 현실 때문이었던 것 같아요."

그는 언론의 잘못된 행태와 권력의 폭주가 맞물려 어느 순간 비상계엄이라는 초유의 사태로 치달았다고 진단한다.

"모든 정부가 자기 지분을 행사하는 건 어쩔 수 없다고 생각해요. 그런데 윤석열 정부의 특징은 아예 기준이라는 게 사라졌어요. 그동안은 보수 정권도 자기 사람을 앉히려면 그래도 명분을 만들고 최소한의 절차를 거쳤어요. 그런데 이번에는 '내가 얘를 꼽는다' 하면 그냥 그 사람으로 가는 거예요."

윤석열 정부에서는 사회가 납득할 수 없는 인사들을 주요 자리에 앉히는 일이 빈번했다.

"예를 들면, 8백 원 때문에 17년간 버스 운전한 사람을 해고하는 게 대한민국에서 가능하다고 생각하세요? 그걸 횡령이라고 생각하는 사람이 과연 몇 명이나 있을까요? 그런데 그런 판결을 내린 사람이 대법관으로 임명됐죠. 윤 정부 하에서는 우리 사회가 최소한 지켜야 할 마지노선을 넘었다는 생각이 들었어요. 이것도 역시 진영을 떠나서 상식과 몰상식의 문제죠. 사람마다 생각이 다를 수는 있어요. 인정합니다. 그런데 17년간 단 한 번 회사 사납금에서 8백 원을 빼서 커피를 사먹은 운전사를 횡령으로 해고한 회사의 조치를 정당하다고 판결한 판사가 대법관의 자격이 된다고 생각지는 않아요. 한국 사회는 여러 번의 호된 민주화 과정을 거쳤어요. 그 과정에서 많은 사람이 자신의 삶을 희생시켜야 했고요. 그렇게 많은 사람들의 희생으로 여기까지 왔는데, 회사로 입금해야 할 돈에서 8백 원을 덜 입금했다는 이유로

운전기사가 해고되고, 그 해고가 정당했다는 법원의 판결이 상식이 되는 사회. 진정 우리가 바라고 지향해 나가야 할 사회일까요? 우리는 적어도 8백 원, 커피 한 잔 값을 횡령으로 보고, 해고가 정당하다고 말하는 사회를 올바른 사회라고 생각하지는 않는 것 같아요. 아직까지는요."

그는 이런 사회적 상황이 결국 언론의 무능과 방관, 심지어는 동조에서 비롯된 것이라고 지적한다.

"비상계엄이 선포되던 날을 잊을 수가 없어요. 군인들이 총을 들고 국회로 들어가고, 헬리콥터가 국회에 내려앉는 장면을 전 국민이 실시간으로 본 거잖아요. 그런데도 언론은 그걸 제대로 보도하지 않았어요. 대부분의 언론은 그냥 '비상권 조치' 같은 애매한 표현만을 반복했고 정부의 입장만 따옴표로 받아썼어요. 언론이 말도 안 되는 비상식적인 논리를 그대로 전한다는 건 우리 사회의 병이 깊이 퍼져있다는 걸 방증하는 겁니다."

그는 언론의 왜곡과 침묵이 반복될수록 시민들이 오히려 사회문제에 더 깊이 관심을 가지게 됐다고 짚는다. 다양한 플랫폼을 통해 뉴스를 소비하며 깨어있는 시민으로 성장했다는 것이다. 비상계엄 이후 텔레비전 및 유튜브에서 뉴스 소비가 늘어난 사실이 이를 증명한다.

"예전에는 언론이 많지도 않았고, 유튜브라는 것도 없었어요. 무엇보다 일단 시간이 별로 없었죠. 미디어는 여유 시간이 생겨야 이용하게 되는 매체인데, 먹고사는 게 바빠서 여유있게 사회문제에 관심을 갖고 뉴스를 볼 틈이 별로 없었어요. 그런데 윤석열 대통령이 비상계엄을 선포하니까 뉴스를 계속해서 볼 수밖에 없는 상황이 만들어진 거예요. 박근혜 정부때만 해도 뉴스가 지금처럼 대중적으로 많이 소비되는 분위기는 아니었어요. 그런데 이번 비상계엄은 달랐어요. 박근혜는 탄핵까지 41일밖에 걸리지 않았는데, 이번엔 그 세 배는 걸렸잖아요. 국회 상공에 헬리콥터가 뜨고 장갑차가 도로를 막는 광경을 실시간으로 본 국민들이 뉴스에 엄청난 관심을 갖게 됐고, 잉여 시간의 대부분을 뉴스 시청에 쏟아부었던 것 같아요. 원래 12월은 쇼핑채널에서 매출이 제일 많이 나오는 달인데, 2024년 12월에는 쇼핑채널 매출이 큰 폭으로 떨어졌다는 기사도 있었어요. 다들 비상계엄 관련 뉴스만 틀어놓고, 채널을 돌리지 않아 쇼핑채널로 옮겨가는 사람들이 줄어든 거라는 설명이에요. 그만큼 두려움과 분노가 컸다는 뜻이죠."

계엄에 대한 언론의 보도 행태는 국민들로 하여금 진짜 언론의 역할이 무엇인지를 절실히 깨닫는 계기로 작용했고, 이러한 의식의 변화가 언론 환경의 본질적 전환을 이끌어 낼 것이라고 내다본다.

"비상식적인 판결이 쏟아지고, 대통령 구속 취소, 총리 임명 파동, 야당과의 힘겨루기 등등 뉴스가 차고 넘쳤어요. 그걸 안 볼 수가 없는 상황에서 윤석열 정부의 언론통제와 왜곡 시도는 오히려 국민들을 더 빠르게 학습시키고 성장시켰던 것 같아요. 과거처럼 주류 언론들이 여론을 장악하고 통제하던 시대는 끝나가는 것 같아요. 조·중·동같은 주류 미디어의 위기가 시작된 것이지요. 이미 사람들은 유튜브 같은 다양한 플랫폼에서 자신이 신뢰하는 채널을 직접 선택해서 뉴스를 소비하고 있어요. 지금과 같은 언론 보도로는 예전처럼 국민들을 통제하거나 현혹시키기 어려울 것 같아요. 예전에는 뉴스를 사실 그대로 믿는 사람이 많았는데, 이제는 언론이 사실을 어떻게 왜곡하는지를 학습하게 된 거예요. 어찌보면 시민들한테 언론은 양치기 소년이 된 것인지도 모릅니다. 비상계엄에서부터 탄핵까지의 시간이 참으로 길고 고통스러웠는데, 그 고통의 대가로 큰 시민적 성숙을 남겼다는 것은 그나마 작은 위안이 아닐 수 없습니다."

그는 그동안 언론이 감시자의 역할을 조금이라도 했다면 많은 문제들이 사전에 해결될 수 있었다며 언론의 무책임한 태도를 강하게 지적했다. 윤석열 정부의 각종 정책과 예산 집행 과정에서도 언론의 감시는 결정적으로 부재했다.

"용산 대통령실 이전 때도 그랬죠. '소통을 위해서 반드시 이전

해야 된다', '500억밖에 안 든다' 이런 식의 보도만 나왔어요. 수업에서 그 기사들을 학생들과 읽었는데, '대통령이 국민과 소통하기 위해 500억 쓰겠다는데 왜 야당이 발목을 잡냐'고 얘기하는 학생들이 많았어요. 이건 당시 언론이 만들어낸 프레임이었거든요. 언론이 만든 프레임이 그대로 수용되는 것을 확인하는 순간이었어요. 제가 물었죠. 너희들은 소통을 만나서 하느냐고요. 주로 온라인으로 소통하면서 국민과의 소통을 위해 시내 한복판으로 집무실을 옮긴다는 게 디지털 환경에서 설득력이 있냐고요. 또 대통령실이 용산으로 이전하면, 분명 그곳을 사용했던 기관들이 이전을 해야 하는데, 당시 그 기관들의 이전 비용을 계산해 문제를 삼은 언론보도는 많지 않았어요. 용산으로의 대통령실 이전 비용은 500억 정도에 불과하다라는 정부의 보도뿐이었어요. 국민이 낸 세금을 대통령이 맘대로 쓰게 만드는데 언론이 동조한 거지요. 당시 언론이 제대로 감시만 했더라도 정부가 그렇게까지 막무가내로 가지는 않았을 거에요. 결국 대통령 집무실은 새 정부 들어 다시 청와대로 옮겨야 하는데, 이 많은 돈을 쓴 것에 책임을 지는 사람도, 책임지는 언론도 없어요."

대통령실 이전 당시 언론에 보도된 이전 예상비용은 496억이었다.

진보 정권이 들어서면 비판만 하다가, 보수 정권이 들어서면 비판을 멈춘다. 그리고 결국 큰 문제가 터진 뒤에는 자신들은 그런 적 없다는 듯 물러난다. 그는 언론의 이런 일관성 없는 태도를 지적한다.

"우리는 보수 정권 두명의 대통령을 탄핵했어요. 박근혜 대통령 탄핵이 마지막이길 바랬는데, 박근혜 다음으로 선출된 보수 정권의 대통령이 또 탄핵된 거예요. 이번 탄핵의 사유는 너무나 명백해서 만약 대통령 탄핵이 인용되지 않았다면, 앞으로 누가 대통령이 되던 집권이 힘들어지면 언제든 비상계엄을 선포할 수 있는 티켓을 대통령에게 준 셈이 됩니다. 아직까지 진보정권의 대통령이 탄핵된 사례는 없어요. 다만 2004년 노무현 대통령이 당시 집권당인 '열린 우리당에 국민들의 압도적인 지지를 부탁한다'는 발언이 '정치적 중립성'을 위반했다는 이유로 한나라당과 새천년민주당이 대통령을 탄핵 소추합니다. 대통령의 말 한 마디가 탄핵의 사유가 된 것인데, 그 배경에는 언론의 압도적인 지원이 있었어요."

그는 봉하마을 노무현 사료관의 벽에 빼곡하게 붙은 당시 언론 기사들이 그 사실을 증명한다고 말한다. 언론에서 대통령을 어떤 식으로 보도했는지 언론의 위세를 감히 짐작할 수 있다는 것이다.

당시 고 노무현 대통령에 대한 언론의 비판적인 보도를 볼 수 있다.

길을 잃은 언론을 통해 보는 시간의 기록 | 033

"그래도 그때는 다행히 헌재에서 탄핵이 인용되지 않았고, 그 후폭풍으로 열린 우리당은 총선에서 압승을 합니다. 비상계엄을 선포했는데도 탄핵을 반대하던 국회의원들이 이전, 노무현 정부에서는 말 한마디, 정치적 중립성을 위반했다는 이유로 대통령 탄핵에 앞장섰다는 점에 주목할 필요가 있습니다. 이후 진보 정권의 대통령은 탄핵되는 일은 없었는데, 저는 그게 민주당이 정치를 더 잘 해서라고 생각하지 않아요. 민주당이 정권을 잡으면 언론이 공격을 시작합니다. 무슨 일이든 좀 과하게 문제 제기를 하는데, 그러니 조심할 수밖에 없었던 거에요. 그런데 보수가 정권 잡으면 언론이 알아서 도와줍니다."

그는 가짜뉴스와 프레임, 언론의 동조가 사회적 규범을 어떻게 바꾸는지에 대해서도 경계심을 드러냈다.

"언론이 '비상계엄령' 대신 '비상권 조치'라는 애매한 용어를 반복적으로 쓰고, 정부의 입장만 받아쓰면 결국 그걸 보는 사람들의 머릿속엔 그게 사실처럼 각인이 돼요. '수면자효과'라는 게 있는데 시간이 지나면 처음엔 가짜로 여겼던 정보도 반복되면 진실처럼 받아들여진다는 거에요. 계엄령에 대한 언론의 보도가 바로 그랬죠. 총칼을 든 군인이 국회에 들어간 걸 긍정적으로 해석하려는 시도 자체가 말이 안 되는 거잖아요. 사실 윤석열 전 대통령은 영부인 리스크를 비롯해서 이전에도 논란이 많았지만 그동안 그 누구도 탄핵해야 한다고 말하진 않았어요. 그런데 비상계엄은 달랐죠. 사람들의 일상을 억누르는 일이었으니까요. 국민을 위해서가 아니라 자기 자신을 위해서 그런 선택을 했다는 건 참을 수가 없는 거죠. 그런데 언론은요?"

이 모든 사태를 경험하며 그는 미디어 학자로서 뿐 아니라 개인적으로도 큰 변화를 겪었다고 고백한다. 2025년 4월 4일, 윤석열 전 대통령의 탄핵이 인용되던 날, 그는 한 사람의 시민으로서 광화문 광장에 섰다.

"솔직히 말하면 저는 그동안 관찰자였고 내 목소리 하나가 세상을 바꾼다고 생각하지 않았어요. 집에 혼자 있으면 사실 이 시스

탄핵이 인용되던 4월 4일 광화문 광장

템이 크게 흔들리지 않을 것 같거든요. 그런데 참을 수가 없었어요. 한마디로 머릿수를 보태러 나간 거에요. 탄핵이 인용되던 순간, 사람들이 서로 껴안으면서 '우리가 이겼다'고 외쳤어요. 그 환희와 감동은 평생 잊지 못할 겁니다. '우리가 이겼다'는 이 말이 너무 좋아서 이후 저의 건배사가 되었어요. '우리가 이겼다!!'고. 그리고 정의가 승리했다고."

현실이 사라진 언론 세상

우리의 언론은 더 이상 현실을 반영하지 않는다. 그는 이 단절을 명확히 지적한다. 사실은 보여주지 않고 프레임과 서사를 통해 현실을 왜곡한 언론 덕에 이미지는 강렬해졌지만 진실은 프레임 속으로 사라지고 말았다. 현실을 보도하지 않고 자신들이 원하는 현실을 구성하는 언론, 그는 이를 '선택적 현실 조작'이라고 부른다.

"가장 큰 예가 하나 있죠. 대선 과정에서 김건희 씨 문제로 곤혹을 치르면서 이미지에 균열이 가기 시작할 때 조선일보가 기사 하나를 보도합니다. 까르띠에 브로치 사건. 문재인 전 대통령의 부인 김정숙 여사가 프랑스 순방 중에 수백만 원대 까르띠에 브로치를 착용했다면서 사치 논란을 제기해요. 이후 해당 브로치가 실은 국내 수공업제품으로 가격도 10만 원대로 밝혀지면서 정정보도가 나오긴 했지만 이미 국산 브로치가 까르띠에로 둔갑한 언론보도에서 정정보도의 효과는 미미했어요. 이런 상황에서 '김건희 여사가 3만 원짜리 남대문표 패션을 입는다'*는 식의 소박한 영부인 서사를 언론에서 대량으로 생산해 내기 시작해요. 사실에 기반한 검증이 아니었어요. 그리고 시간이 지나 우리는 김건희 씨의 명품 사랑이 얼마나 큰지 알게 됩니다. 2023년 나토 정상회의 참석차 들른 리투아니아에서 경호원을 대동하고 명품매장 방문한 것이 리투아니아 매체인 주모네스에 실리면서 국내서도 알려졌고요, 반 클리프 아펠의 6천만 원대 목걸이 논란 등 그녀가 보여준 동대문표 패션은 언론이 만든 프레임이었다는 사실이 드러납니다."

하지만 언론은 현실을 직시하지 못한 채 한쪽은 비난하고 한쪽은 보호하는 선택적 프레임으로 보도했다.

"이재명 대통령이 대선후보로 출마했을 당시, 배우자 김혜경 여사가 경기도 법인카드로 10만 4천 원의 사적 지출을 했다는 의혹, 모르는 사람 없죠? 언론이 매일같이 반복 보도했으니까요.

---

* 조선일보(2022.04.05.) 전여옥 "김건희, 시장표 패션도 맵시… 김정숙 반대로만 하길"; 조선일보(2022.04.05.), "벌써 품절됐다" 김건희가 신은 슬리퍼, 의외의 가격; 조선일보(2022.04.05.), 청바지에 후드티… 한 달 만에 등장한 김건희 대표; 조선일보(2022.04.06.), 그때도 입은 그 후드티, 그 슬리퍼… 김건희식 '돌려입기 패션' 등 참조.

그것이 공정한 법집행이었는지, 정치보복의 수단은 아니었는지 의혹을 제기한 언론은 거의 없었어요. 하물며 법원은 법카 10만 4천 원의 사적 지출의 댓가로 150만 원의 벌금을 물립니다. 이 판결은 버스회사 운전기사가 사납금 중 800원을 횡령했다는 이유로 해고를 정당화한 판결과 닮아 있는 거 같아요. 언론이 칼을 너무 휘두르는 것은 아닌지, 법원이 권력을 너무 남용하는 것은 아닌지 하는 생각이 들었던 것도 사실입니다. 현실을 보도해야 할 언론이 자신들이 만들고 싶은, 혹은 권력자가 만들고 싶은 현실을 구성하는데 동참한 거라고 봐요."

이렇게 언론이 현실보다 권력의 희망을 대변할 때 국민들은 혼란에 빠진다.

"2030 부산 엑스포를 유치할 때 발표 전날까지도 언론들이 어떻게 보도했는지 알아요? '해볼만한 수준으로 따라 잡았다', '대역전극 가능성'이라고 보도했죠. 그런데 결과는 어땠나요? 119대 29표. 완패였어요. 국민 여론을 낙관적으로 오도한 거죠. 국제 정세라든가 사우디의 자금력, 외교 전략같은 실제 판세를 면밀하게 따져본 분석은 없었어요. 그냥 정부 발표를 그대로 받아쓴 기사들이 대부분이었어요. 현실을 들여다보지 않으니 언론이 집단 착각에 빠졌고, 국민들에게까지 그 착각을 사실처럼 전달한 거에요."

〈"49대 51까지 따라왔다"… 결선서 대역전극 'BUSAN is Ready'〉

_ 매일경제, 11월21일

〈"49대 51까지 쫓아왔다"… 2차 투표서 사우디에 역전 노려〉

_ 조선일보, 11월24일

〈"대역전극 벌인다"… 1년 늦게 뛴 부산, 사우디와 초접전〉

_ 한국경제, 11월27일

〈대역전극 노리는 부산… 尹 "종료 휘슬 때까지 최선" 당부〉

_ 중앙일보, 11월28일

엑스포 부산 석패… '원팀 코리아'로 뛰었다   _ KBS뉴스
2030엑스포 부산 유치 실패… 사우디에 석패   _ 서울신문

- 당시 관련 기사 제목 -

실제로 2023년 11월 28일 열린 국제박람회기구BIE 총회에서 사우디 리야드가 119표, 부산은 29표, 로마가 17표를 얻었지만 결과가 나온 후에도 언론은 '석패'라는 말을 쓰며 현실을 외면했다. 엑스포 유치 실패는 언론이 얼마나 현실과 동떨어진 낙관적인 프레임을 만들어냈는지를 적나라하게 드러낸다.

2023년 세계스카우트잼버리 사태 역시 언론 프레임이 국민을 어떻게 속였는지를 보여준다.

"잼버리땐 어땠어요? 비가 와도 완벽한 대비가 다 돼 있다, 모든

대책이 완벽하다고 했어요. 그런데 현장은 엉망진창이었잖아요. 그때라도 언론이 제대로 문제제기를 했어야죠. 그런데 그 때도 따옴표 받아쓰기만 하더라고요."

그해 8월 전북 새만금에서 열린 세계스카우트잼버리는 폭염, 위생 문제, 숙소 미비, 식사 부실 등으로 국제적인 비판을 받았다. 세계스카우트 연맹은 이후 보고서에서 한국 정부의 과도한 개입과 준비 부족을 공식적으로 지적했다.

"그런데도 언론은 행사 전에는 물론이고 문제가 불거진 이후에도 현장의 혼란보다 정부와 기업의 대응을 '빠르고 훌륭했다'는 식으로 포장해 보도했어요. 특히 주요 방송이나 보수 언론들은 'K방역에 이은 K행정', '대기업이 나서서 문제를 수습했다'는 식의 프레임으로 정부의 책임을 희석시키는 보도를 했죠. 한국사회 전체가 국제적인 조롱과 비난을 감내해야 했는데 언론은 그 책임조차 제대로 묻지 않은 거에요."

현장과 언론 보도가 극명하게 괴리된 이 사건은, 국민들에게 언론의 무능과 무책임을 다시 각인시켰다. 언론이 진실을 외면한 결과는 국민들의 신뢰 붕괴로 나타났다.

"이젠 사람들이 언론 보도를 그대로 믿지 않아요. 한 번 더 생각해요. '진짜일까? 왜 저렇게 말하지?'"

상식에 기반한 시민의 판단력이 프레임 저널리즘을 넘어서기 시작했다.

"언론이 현실을 직시하지 않으면요, 국민들이 현실을 직시하게 되고, 그러면 언론은 설 자리를 잃게 돼요. 국민이 언론을 신뢰하지 않는데, 언론이 존재할 이유가 있나요?"

언론이 현실을 외면할수록, 국민들은 스스로 현실을 보기 시작한다. 그는 이번 비상계엄 사태 이후, 그 속도가 빠르게 이동하고 있다고 분석한다.

유튜브로 넘어간 저널리즘

사유하지 않은 채 팩트 체크를 포기하고 따옴표만 받아쓰는 저널리즘, 그렇게 신뢰를 잃은 언론에는 '품격이 없다'고 심미선 교수는 말한다. 찌라시 수준으로 떨어진 언론을 외면하고 사람들은 이제 유튜브 저널리즘을 찾는다.

"언론에 볼 게 없거든요. 자기 말이 없고 따옴표만 있어요. 권력자의 발언을 무비판적으로 받아써요. 남의 말을 대신해 주는 건 기자가 아니죠. 그래서 사람들을 뉴스에서 떠나게 만들었어요. 저널리즘의 위기를 자처한 게 언론 자신이에요. 팩트 체크 없는 받아쓰기, 의도적 왜곡도 모자라서 이슈가 되겠다 싶으면 저명하지도 않고 가치도 없는 선정적 인물에 집착하는 보도 관행도 문제라고 봐요. 예를 들어 정유라가 SNS에 뭐라고 쓰든, 그걸 국민들이 왜 기사에서 봐야 하나요? 어떤 헌법 학자가 비상계엄에 대해 경고를 한 내용은 기사로 나오지 않아요. 보도 상식이 아니라 선정성에 따라 움직이는 거죠. 언론이 스스로의 품격을 무너뜨리고 있어요. 그런데 유튜브에서는 맞든 틀리든 적어도 자기 얘기를 해요. 더 깊이 있게 취재도 하고 다양한 사람들의 얘기도 듣고 전해요. 이 차이가 결정적이죠. 그래서 사람들이 유튜브로 가는 거예요."

2023년 한국언론진흥재단 조사에 따르면, 국민의 약 47%가 유튜브를 주요 뉴스 출처로 사용한다고 답했다. 지상파방송, 신문을 합친 것보다 높은 수치였다. 특히 20대, 30대는 유튜브 의존도가 70%를 넘어선다. 이는 단순한 플랫폼의 변화가 아니다. 신뢰할 수 있는 목소리를 찾아 나선 국민들의 이탈이다.

"대표적인 장면이 윤석열 파면 선고 이후의 뉴스 소비 양상이에요. 4월 4일 헌법재판소가 윤석열 전 대통령의 파면을 선고하던 날, 공영방송의 시청률은 정체되거나 하락했지만 시사 유튜브 채널중의 하나인 〈매불쇼〉는 해당 클립 하나만으로 조회수 3백 만을 넘겼어요. 공적 언론의 보도를 기다리던 시대는 지나갔다는 겁니다. 시민들은 이제 '내가 선택하는 언론', '내가 신뢰하는 콘텐츠'를 스스로 선택하는 거에요. 결국 주류 언론을 소비하던 이용자들이 '너희는 못 믿겠다'면서 떠난 거죠. 지금 사람들이 유튜브 저널리즘을 찾는 건 단순히 재미나 자극 때문만은 아니에요. 기성 언론이 하지 않는 질문과 검증, 권력과 자본에 대한 거리두기, 이런 것들이 유튜브 저널리즘에는 있다고 보기 때문이에요."

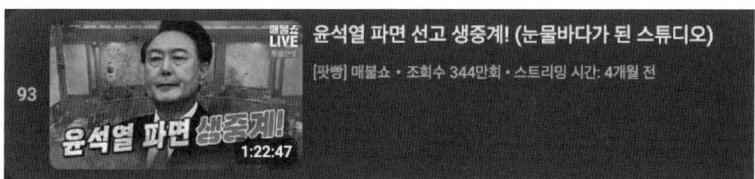

4월 4일 매불쇼 썸네일과 조회수

과거, 뉴스는 신문이나 방송을 통해 보는 것이었다. 그러나 이제 사람들은 유튜브를 통해 자신이 믿을 수 있는 소스를 스스로 선택한다. 심미선 교수는 변화된 시민들의 인식을 강조한다.

"국민들도 이번 사태를 통해 많이 배우고 많이 깨달았을 거에요. 정부가 언제나 정직한 것은 아니다. 언론이 말하는 것이 모두 사실은 아니다. 사실이 아닌 경우도 많다는 것을요."

유튜브는 이제 단순한 동영상 플랫폼이 아니다. 유튜브 저널리즘은 언론이 포기한 사유와 질문을 다시 일으켰다. 기존 언론이 포기한 신뢰를 대체하는 새로운 공론장이 되어가고 있다. 유튜브 저널리즘의 정파성의 문제를 지적하는 사람도 있고, 가짜뉴스의 산실이라는 폄하된 견해도 있으나, 중요한 것은 사람들은 유튜브에서 뉴스를 소비한다는 것이다. 그리고 사람들이 주류언론 대신 유튜브를 선택하기 시작한 데는 분명한 이유가 있다.

유튜브 저널리즘의 확장은 사유 없는 언론에 대한 시민의 저항이며, 스스로 사고하는 민주주의의 복원이다. 언론이 회복해야 할 것은 플랫폼이 아니라 잃어버린 사유와 책임이다.

저편의 언론이 던진 교훈

비상계엄이라는 헌정 파괴의 순간에도 질문하지 않고 팩트 대신 프레임을, 현실 대신 서사를 선택했던 오래된 이름, 언론. 사유를 멈추고 현실을 왜곡해 민주주의의 근간을 흔들리게 함으로써 시민들에게 그 대가를 치르게 한 지금, 그의 말처럼 이제 우리는 주류 언론이 만들어내는 프레임에 쉽게 흔들리지 않을 만큼 똑똑한 시민으로 성장해 가고 있다.

"이번에 비상계엄 시도와 탄핵 국면을 거치면서 더 그렇게 됐죠. 국민은 더 이상 정치인의 말이나 언론의 보도를 그대로 받아들이지 않아요. 정치인들은 자신의 말을 쉽게 뒤집고 언론이 그 말을 그대로 반복하다가 불리하면 방향을 바꾸는 표리부동한 모습을 국민들은 이미 충분히 봐 왔는데, 그런 정치인의 말, 그 말만 받아쓰기 하는 언론을 어떻게 믿을 수 있겠어요."

진실 없이 반복되는 말은 결국 신뢰를 잃었고, 잃어버린 신뢰는 다시 돌아오지 않는다.

"언론이 공격했던 정권은 살아남았어요. 비판을 받으면서도 결국 잘 마무리됐어요. 근데 언론이 감싸고 치켜세운 정권은요? 형광등 백개의 아우라를 가진 박근혜, 공정과 상식의 아이콘이라는 윤석열, 둘 다 탄핵 됐잖아요."

보수 정권의 반복되는 실패 뒤에는 늘 언론이 있었다. 문제는 본연의 기능은 뒤로 한 채 방조하거나 적극적으로 동조했다는 사실이다. 기회는 분명히 있었다.

"잼버리 준비 당시 여성가족부 장관이 '잘하고 있다'고 말했을 때 언론이 조금만 감시했어도 전세계에 부끄러운 실패를 드러내진 않았을 거에요. 윤석열 정부가 관저를 용산으로 이전한다고 했을때 행정적 타당성이나 대체 비용에 대한 분석은 방기했죠. 세월호 때도 그래요. 사고 직후에 '전원 구조'라는 가짜 정보가 기사 제목이 됐고 그게 초동 대응을 마비시켰어요. 그렇게 잃어버린 시간은 아이들의 생명이었어요. 그 책임은 언론에게도 있는 거에요. 그런데 언론은 책임지지 않아요. 그 뿐인가요? 말을 바꾸고 또 다시 새로운 프레임을 짜요. 자기의 과거 발언에 대한 책임은 지지 않아요."

언론은 사건과 사실을 전달하기만 하는 창구가 아니다. 사회적 의제와 여론을 형성하고 권력의 흐름을 바꿀 수 있는 힘을 가진 존재다. 이런 점에서 언론은 그 자체로 하나의 권력이라고 할 수 있다. 권력이 감시받거나 견제되지 않을 때, 가장 먼저 무너지는 것은 진실이다. 그래서 그는, 언론개혁의 필요성에 대해 분명하게 말한다.

"옛날엔 기자들끼리도 자존심이 있었어요. '내가 어떻게 이런 기사를 쓰냐'는. 지금은 기자가 너무 많아졌어요. 그래서 이제는 언론사 설립 기준을 만들어야 하고, 자격없는 언론은 퇴출될 수 있는 통로를 만들어 놓아야 해요. 그러기 위해서는 무분별하게 양산되는 인터넷 매체들, 팩트 없이 프레임만 되풀이하는 기사들, 검증되지 않은 여론조사와 특정 세력의 입장을 대변하는 기사들, 이런 자격과 품질을 평가하는 사회적 시스템이 필요하다는 생각이 강하게 들어요."

언론개혁은 언론 혼자의 힘으로는 불가능하기 때문에 미디어 리터러시 교육은 선택이 아니라 필수가 되어야 한다고도 말한다.

"언론을 변화시킬 수 있는 힘은 국민한테 있어요. 건강한 시민들이 많아져야 해요. 시민이 언론의 감시자가 되고 정보를 비판적으로 수용하고 가짜뉴스에 흔들리지 않을 수 있는 감각을 가질 때 비로소 언론은 다시 시민의 입이 될 수 있을 거에요."

권력을 비판하지 않는 언론은, 결국 권력과 함께 몰락했다. 언론이 저지른 과거의 실패에서 교훈을 얻지 않는다면, 그 결과는 자명하다. 국민은 더 이상 속지 않고, 언론은 더 이상 존재할 수 없게 될 것이다.

"언론이 사유를 포기하면, 시민은 사유를 시작해요. 언론이 현실을 외면하면, 시민은 현실을 직시합니다. 언론이 진실을 버리면 시민은 진실을 찾기 시작해요."

그의 얘기처럼 이제 우리는 더 이상 누구에게도 기대지 않고 스스로 질문하고 스스로 답을 찾아야 한다. 무너진 언론은 하나의 경고였다. 그러나 동시에 시민을 사유하게 한 가능성이기도 했다.

인터뷰가 끝나갈 무렵, 그는 한 학생의 이야기를 꺼냈다.

"저를 찾아와서는 삼성에 지원하고 싶은데 추천서를 써달라는 거에요. 다른 교수들이 안 써준다면서요. 출결 상황이나 학점은 차치하고, 일단 니 얘기를 들려달라고 했어요. 중학교 때 학교 앞에서 붕어빵을 파는 엄마가 너무 부끄러워서 일부러 모른척 하고 도망다녔다고 하더라고요. 당연히 공부도 안했으니까 상업계 고등학교로 진학을 했고 밤에도 집에 들어가기 싫어서 편의점에서 아르바이트를 했나봐요. 그러다 하루는 자기가 일하는 편의점에 인문계로 진학한 중학교 동창들이 몰려왔대요. 그 순간 자신이 너무 초라하고 이렇게 사는 건 아니라는 생각에 다시 공부를 시작한 거에요. 수시로 대학에 진학했고요. 알고보니 집이 먼데 통학을 해야 되니까 수업도 잘 들어오지 못하고 당연히 학점도 그렇게 좋지 않았던 거죠."

그는 추천서에 학생이 들려준 얘기를 고스란히 쓰며 이렇게 마무리했다.

"내세울 만한 스펙도 없고 지금 당장 보여줄 수 있는 게 없을지는 모른다, 하지만 어려운 형편을 겪으면서 내적으로 많이 다져져 있고, 굉장히 밝은 친구다, 이 아이의 밝음이 삼성의 미래를 밝게 해줄 수도 있지 않겠냐고 추천사를 마무리했죠. 결국 그 친구는 합격했어요."

가장 솔직한 것이 결국 가장 큰 힘이 된다는 사실을 그는 학생과의 경험을 통해 다시 한 번 확인했다. 다른 학생들에게도 그는 늘 이렇게 강조한다.

"우리가 숨기고 싶은 것을 숨기니까 오히려 상처가 되고 문제가 되는거지, 드러내고 나면 그게 나의 스펙이 될 수도 있습니다. 결핍이나 고난도 삶의 일부로 받아들이고 부끄러움 없이 자신을 드러내는 용기가 결국 더 단단한 사람이 되게 하는 거니까요."

감추지 않을 용기를 내는 것이 변화의 출발점이라고 믿는 그의 이러한 시각은 지금 이 시대에도 그대로 적용되는 것이 아닐까?
권력과 결탁해 진실을 감추고 현실을 왜곡하는 언론의 시대는 저물었다. 앞서 말했듯 결핍을 숨기지 않고 꺼내놓을 때 그것은 더 이상 핸디캡이 아니다. 우리가 함께 성장할 수 있는 자원이 되고 그 힘이 모일 때 사회도 조금씩 바뀔 수 있다는 희망이 된다.

"진짜 힘은 숨겨진 상처와 결핍을 당당하게 드러낼 줄 아는데서 나옵니다. 언론도, 이 사회도 더 이상 감추려고 하지 말고 불편한 진실을 마주하려는 용기를 가졌으면 좋겠어요. 그럴 때 우리 모두가 더 성숙한 시민, 더 건강한 사회로 나아갈 수 있습니다. 건강을 유지하려고 운동하고, 식습관을 바꿔야 하는 불편함을 감수하는 것과 다르지 않습니다. 건강한 사회를 만드는 일이 편하지는 않아요. 우리 모두 불편함을 감수하더라도 건강한 사회 공정한 사회를 만들어 갔으면 좋겠어요."

공장에서 시작해 광장으로 이어진, 시간의 기록

　임윤옥은 '여성노동'이라는 말이 낯설기만 하던 1980년대 인천 부평공단에서 여성노동자들과 함께 작업복을 입고 일하며, 자신의 노동과 목소리를 통해 여성인권운동을 시작했다. 당시 여성 노동은 경제성장의 상징이자 동시에 가장 값싼 희생이었다. 여성노동자들을 쉬운 노동력으로만 간주하는 차별과 착취는 일상이었다. 그 안에서 그는 그들의 희생을 대신할 언어를 찾고, 존엄을 회복하는 싸움을 이어갔다. 1991년 '여성노동'이라는 용어조차 희미하던 시절, 인천여성노동자회에서 활동을 시작하여 2019년 한국여성노동자회 상임대표로 퇴임할 때까지 '임금 차별', '돌봄노동', '비정규직 여성', '고용보험 사각지대' 같은 말들이 사회에 스며들도록 목소리를 내왔다.

　28년 간의 여성노동자회 활동을 통해 그는, 일과 양육을 홀로 담당하는데도 곱지 않은 사회적 시선에 시달리던 여성한부모가족 지원활동, 가난한 가정의 아동을 돌보는 가정보육사 파견을 통한 사회서비스 확충과 이를 통한 여성 일자리 창출 운동, 고용불안에 시달리던 비정규직 여성들의 권리찾기 운동, 파출부, 가정부로 불리며 노동권의 사각지대에 있던 가사노동자를 "가정관리사로 불러주세요"라는 호칭 바꿔부르기와 노동자성 인정을 위한 법 제정 운동, 고령화로 급증하는 돌봄노동자의 처우 개선 활동 등을 통해 땀 흘려 일하는 모든 여성노동자에 대한 존중과 사회적 인정을 호소하였다.

또한 출산휴가나 육아휴직이 그림의 떡이던 여성노동자의 고용안정을 위해 "축하해 90일을 응원할게" 캠페인, 성별임금격차 문제의 심각성과 대책을 촉구하는 "성별임금격차 해소를 위한 조기퇴근 시위 3시 STOP" 운동, 점수 조작으로 드러난 은행권 채용성차별 문제 공론화와 정부 대책 마련 촉구 활동 등을 통해 '여성은 양육자이기에 집안일이 우선'이라는 성별분업에 도전하고 고용평등이 시대적 과제임을

널리 알려내는 활동을 펼쳐냈다.* 특히 코로나19가 발발했던 2020년 초기, 20대 여성 12만 명이 일자리를 잃고 여성실업율이 급증하는데도 무관심한 사회를 '조용한 학살'이라고 명명하고 우리 사회가 언제나 위기에 대응하는 방식이 가부장적이었음을 지적하고 성인지적 고용대책 수립을 촉구하였다.** 여성노동문제가 외면당해 '기자 없는 기자회견'으로 힘이 빠질 땐 역발상으로 '오늘을 살아가는 여성노동자들과 직접 소통하자'는 취지로 팟캐스트 〈을들의 당나귀 귀〉를 진행, 두 권의 책으로도 출판을 하기까지, 그는 여성 활동가로, 두 딸의 엄마로 따뜻하면서도 유쾌한 페미니스트를 꿈꾸며 일해왔다.

광주에서 학창 시절을 보낸 그는 2024년, 계엄령이 선포되던 날 오마이TV를 통해 국회에 진입한 군인들의 모습을 보며, 광주의 기억을 되짚었다. 그리고 잊고 있던 단어가 떠올랐다. '죄책감'. 그의 인생항로를 바꾸게 했던 바로 그 단어였다.

이 이야기는 공장에서 시작해 광장으로 이어진, 시간의 기록이다. 여성들의 노동을 '권리'로 바꿔온 시간, 그 안에서 여성들을 위한 언어와 자리가 어떻게 만들어졌는지를 따라간다.

---

* 그는 이러한 공로를 인정받아 2019년 7월 양성평등 기념 주간에 양성평등진흥유공자로 선정되어 국민포장을 수상하였으며, 그해 12월에는 대통령직속 일자리위원회로부터 표창장을 수상하기도 하였다.
** 그는 '〔시론〕 조용한 학살'(한겨레신문, 2020.5.25.)을 통해 97년 IMF, 2008년 금융위기에 이어 2020년 코로나 위기 때도 여성의 실업을 사소한 일로 치부하는 한국 사회에 문제 제기하며 성별 격차를 줄이는 것이 불평등을 함께 줄여나갈 수 있는 방안임을 주장하였다. 또한 그해 11월, 20대 여성의 자살율이 전년 대비 43% 급증한 배경을 취재한 한겨레 젠더 미디어 슬랩의 '조용한 학살이 다시 시작됐다'는 유튜브 영상에 출연하여 젊은 여성의 실업에 침묵하는 사회가 조용한 학살을 부른다고 지적했다.

계엄과 탄핵의 시대, 여성은 어디에 있었는가? 여성 노동의 삶은 어떻게 지워졌고, 어떤 방식으로 다시 말해졌는가? 그는 이 질문에 오래된, 그러나 여전히 살아 있는 언어로 답한다.

존재 이전의 시간 – 공장으로 간 여대생

"저는 대단한 꿈이 있는 사람은 아니었어요. 사람들과의 관계 속에서 내가 성장하고, 살아있는 느낌이 들고, 자유로운 것. 저한테는 그게 근원적으로 중요했어요."

어떻게 여성노동운동을 시작했느냐는 질문에 그는 '자유'로 답했다. 여기서 자유란 남의 눈치를 보지 않는 상태가 아니라, 자신의 삶을 떳떳하게 긍정할 수 있는 상태를 말하는 것이었다. 자유롭기 위해 그는 대학 시절 광주의 진실을 알리는 일에 앞장섰고 후배들에게도 항상 떳떳하게 살아야 한다고 말했다. 그 말이 무거운 울림으로 되돌아온 건, 바로 자신의 졸업 이후였다.

"후배들에게는 그렇게 말해놓고 내가 그냥 소시민의 삶으로 빠져버리면… 그건 부끄러운 일이잖아요."

그에게 '부끄럽지 않은 삶'은 선택이 아니라 의무에 가까웠다. 졸업을 앞두고 그는 고민 끝에 공장에 들어가는 길을 택한다. 그 시절, 여대생이 위장취업으로 공장에 들어간다는 건 일반적인 일은 아니었다. 누군가는 그를 가리켜 '1%도 채 안 되는 드문 사람'이라고도 했지만 그렇다고 특별한 사명감이나 영웅심 같은 게 있었던 건 아니었다. 그저 가보지 않고 후회하는 것보다, 가보고 판단하자는 마음이었다.

> "거기도 사람이 사는 곳인데, 뭐 그렇게 다르겠어요. 내가 가서 직접 보고, 아니다 싶으면 돌아오면 되는 거잖아요."

그가 위장취업으로 들어간 곳은 인천 부평공단. 당시 '여공'이라는 말에는 사회적 편견이 따랐지만 그는 대학생 신분을 감추고 전자 회사에서 카세트, 마이마이를 생산하는 단순 조립공으로 일했다. 소위 닭장집이라는 단칸방에서 두세 명이 함께 자고 일어나는 생활, 새벽부터 밤까지 이어지는 노동을 하며 그가 공장에서 마주친 현실은 학습을 통해 알고 있던 모습이 아니었다. '성장'이라는 말이 얼마나 잔인한 단어인지, 한국 경제가 무엇을 밟고 성장해 왔는지를 온몸으로 체감할 수 있었다. 여성 노동자들의 삶은 '성장'이라는 이름 뒤에 숨겨진 채 외면당하고 있었던 것이다.

> "사람의 삶이 이래서는 안 되겠구나… 이들의 노동을 발판으로 경제가 성장한다는 건 너무 말이 안 되는 거였어요."

처음에는 6개월만 해보고 돌아오자는 마음이었다. 하지만 그는 떠날 이유를 찾을 수 없었다. 그곳의 사람들 속에서 살아가는 감각을 새롭게 배워갔기 때문이다.

"서로 너무 의지가 되는 관계였어요. 답답하면 친구 집에 찾아가서 얘기하고, 다시 돌아오고… 그런 끈끈한 공동체 같은 관계들이 있었어요."

그는 이 시기를 자신의 '존재 이전의 학습'이라 표현한다. 학문으로는 알 수 없던 여성 노동의 실체와, 착취와 통제를 견뎌내며 희망을 포기하지 않던 사람들의 삶. 그 현장에서 여성들의 고통을 온몸으로 느끼면서도, 현실을 바꾸기에는 자신이 너무 무력했다고 회상했다.

그곳에서의 시간은 그가 지금까지 구축해 온 세계관을 다시 짜게 했다. 그는 여성노동을 한국 사회에서 가장 취약하고 복잡한 지점이라 여겼고, 이후의 모든 활동에서 이 문제를 중심에 두었다. 공장에서 시작된 그의 운동은 이후 여성노동 문제와 여성 인권의 구조적 개선을 향한 평생의 여정으로 이어지게 된다.

'여성노동'이라는 낯선 이름

사실 그에게 여성운동의 시작은 거창한 사명보다 사적인 경험에서 출발한, 내면의 질문이었다.

"딸로 자라면서 품었던 질문들에서 비롯된 게 아닐까요? 저희 어머니는 전남 순천 출신이었는데 외가 식구들이 사는 집은 여성을 무시하고 하대하는 분위기가 철저한 가부장적인 가정이었대요. 어린 시절에는 왜 엄마가 늘 오빠만 챙기고, 나는 무관심하게 대할까…? 이해할 수 없고 엄마가 너무 멀게 느껴졌어요. 그런데 시간이 지나고, 엄마가 들려준 단편적인 어린 시절 이야기 속에서 조금씩 이해가 되는 거에요. 엄마도 또한 차별받은 존재였고, 억압당한 여성의 위치에서 자식을 키운 거죠."

질문을 품고 대학에 들어가 사회학을 공부하며, 그는 여성학자 이효재 선생님의 강의를 접하게 된다. 사회구조 속에서 여성이 처한 위치를 배우는 일은 곧 자신의 과거를 해석하는 일이기도 했다. 어머니와의 관계, 가정 안의 성차별, 학교에서 겪은 불합리함, 친척들이 모인 자리에서 느낀 위화감. 이 모든 것이 여성이라는 정체성 아래에서 비로소 하나로 연결되기 시작했다.

"자기 삶을 해석할 언어가 생긴 거죠. 그게 엄청 컸어요."

결혼 후 시댁문화를 경험하며 그는 다시 한 번 여성으로서의 정체성에 질문을 품게 된다.

"시어른들이 며느리를 '아가야'라고 부르잖아요. '아가야, 아가야…' 그런데 이 말 속에는 성인 여성을 온전히 주체로 인정하지 않겠다는 메시지가 있는 거에요. 갓 태어난 존재처럼, 새로 들어온 이방인처럼 여겨지는 거죠."

여성운동의 초창기, 현장에서 겪는 일은 분명 폭력이었지만 누구도 그것을 설명하거나 문제를 제기할 언어를 갖고 있지 못했다. 앞서 말했듯 '여성'이라는 존재 자체가 서사화되지 않은 시대였기 때문이다. 여성노동은 늘 사회 이슈에서 후순위로 밀려났고, 시민단체와 노동단체 모두 이 문제를 중심 의제로 삼지 않았다.

"직장 내 성희롱이라는 말도, 돌봄노동이라는 개념도 당연히 없었죠. 여성이 사회생활을 하다 당하게 되는 부당한 처우는 '운이 나빴다'거나 '왜 여자면서 밖으로 나왔냐'는 식의 반응으로 치부됐어요. 여성노동 문제를 이야기하면 늘 돌아오는 말이 '그래도 남자보다 덜 힘들잖아'였어요. 그럴 때마다 이건 다르다고 말해야 했어요. 그런데 표현할 단어가 없으니 설명이 안 되고, 설명이 안 되니까 문제로 인식되지 않는 거예요."

이러한 서사에 갇히지 않기 위해, 삶에서 겪은 억울함들을 개념으로 세우고, 언어로 만들어가는 일을 시작했다. '성희롱', '여성노동', '비정규직 여성', '성별 임금격차' 같은 말들은 그런 억울함과 부당함을 사회적 언어로 바꿔낸 결과였다.

"우리 세대는 억울했던 것들에 이름을 붙이기 시작한 세대예요. 국가가 뭘 해야 하는지도, 그때부터 본격적으로 말하기 시작했어요."

문제를 인식한 순간부터, 여성노동자들은 피해자로 머물러있지 않았다. 지역마다 여성노동자회가 창립되어 현장에서 일어나는 성폭력, 부당해고, 노동차별 사례를 수집하고 보고서로 정리하며 본격적인 활동을 시작했다.

"무에서 유를 만드는 일이었어요. 여성노동의 현실에 귀 기울이는 사람은 늘 소수였으니까요."

당시 노동조합이나 민주화운동 내부에서도 여성의 존재는 주변부였다. 그들의 피해는 묵인되거나 침묵을 강요당하기 일쑤였다. 저임금과 장시간 노동도 당연시되었다. 그러한 현실 속에서 가장 힘들었던 것은 '다름'을 설득하는 일이었다. 여성이 겪는 노동의 조건과 차별은 단지 약자여서가 아니라, 여성이라는 성별적 정체성에 기반한 것이었다. 그 차이를 말로 설명하고, 다시 제도적 개선으로 연결하는 일은 고단했지만 멈출 수 없는 일이기도 했다. 그래서 그는 현장의 사례를 모아 정리하고, 가해를 드러낼 수 있는 표현을 고민하기 시작했다. 구조적인 차별이 언어를 통해 드러나기 시작했을 때, 비로소 그것은 공적인 문제로 인정받기 시작했고 여성노동의 문제는 '개인의 문제'에서 '사회적 의제'로 나아가기 시작했다.

여성운동을 시작한 후 지난 40년 동안 그는 수많은 제도 변화의 현장에 있었다. 출산휴가와 육아휴직, 보육제도, 성희롱 금지, 성폭력 피해자 지원, 고용보험 확대, 최저임금 운동, 비정규직 권리 찾기 운동, 가사노동자 노동자성 인정, 돌봄 노동자 처우개선, 성별임금격차 캠페인, 채용성차별 대책까지. 지금은 상식처럼 여겨지는 수많은 제도와 개념들이 처음 만들어질 때, 그는 늘 그 곳에 있었다. 여성들이 겪는 차별과 고통은 개인의 탓이 아니라 사회의 구조 때문이고, 그렇기 때문에 반드시 국가가 개입하고 책임져야 할 문제라는 인식을 끊임없이 공론화 해 온 것이다.

"그냥 가만히 있으면, 국가는 안 해요. 절대 알아서 하지 않아요."

2000년대는 복지국가 논의가 확산되던 시기였다. 그러나 그는 이러한 흐름 속에서도 여성의 자리는 보이지 않았다고 말한다.

"당시 국가가 상정한 보호의 단위는 대부분 남성이 가장인 이성애 가족 구조였어요. 여성은 어디까지나 그 안의 부차적인 존재로 간주되었고, 여성 노동은 가정을 위한 보조 수입 정도로 취급됐죠. 여성노동은 한 가정의 주 소득원이 아니라는 인식이 뿌리

깊었어요. 정책 설계자들도 그걸 당연하게 여겼어요. 출산휴가 얘기만 해도 그래요. 여자가 자기 선택으로 결혼하고 아이 낳았는데 왜 국가가 세금으로 지원하느냐는 말이 나왔어요. '그럼 네가 감당하든지, 회사가 감당해야지 왜 국가가 나서냐'는 인식이 너무 팽배했죠."

여성노동자회와 여러 시민·노동단체들은 출산전후휴가급여일을 60일에서 90일로 늘리고, 늘어난 30일 분의 급여는 고용보험에서 지급되도록 제도화하는 투쟁을 전개했다. 이는 단지 법의 조항을 고치는 문제가 아니었다. 국가가 여성을 책임질 의사가 있는지를 묻는 것이었다.

드디어 2005년도 출산 전후 휴가 90일 전체에 대해 국가가 급여를 지급하는 법 개정*이 이루어졌고, 2006년 1월부터 중소기업 등 우선 지원대상 사업장에 대하여 90일 전액이 고용보험에서 지급되기 시작했다. 그러나 제도가 마련되었음에도 현실의 벽은 높았다. 현장에서는 출산을 이유로 해고되는 여성이 수두룩했다.

---

* 모성보호제도의 획기적인 변화는 두 차례의 개정을 통해 이루어졌다. 첫 번째 개정은 제정 이후 48년 만인 2001년에 이루어진 근로기준법 개정으로, 출산전후휴가 기간이 60일에서 90일로 확대되었고, 휴가 급여를 신설하여 늘어난 30일분에 대해서는 고용보험에서 지원하는 모성휴가 급여의 사회보험화가 시작되었다. 두 번째 변화는 2005년 5월 모성보호관련법률(근로기준법, 남녀고용평등법, 고용보험법)의 개정을 통해 출산전후휴가 급여 90일분 전액이 고용보험에서 지급되고 유·사산휴가와 휴가 기간 중의 임금 지급이 명문화된 것이다.
 –박선영 외, 「여성·가족 관련 법제의 실효성 제고를 위한 연구(Ⅴ)」: 남녀고용평등법제정 30년의 성과와 과제, 한국여성정책연구원, 2017

"상담을 할수록 너무 억울한 거에요. 노무현 대통령 때 모성보호비용 전면 사회분담화가 제도화됐거든요. 그러면 당연히 줘야 되잖아요. 그런데 중소기업은 '권고사직'이라는 이름으로 해고해요. '네가 나가면 실업급여 줄게. 안 나가면 너만 손해야' 이런 식이죠. 그래서 이걸 공론화해야겠다고 생각하고 출산 때문에 해고 됐다가 복직한 여성들을 직접 찾아가서 만났어요. 그랬더니 키워드가 '응원'이었으면 좋겠다고 하는 거예요. 사회가 이런 여성들을 볼 때 '이기적이다, 자기 욕심만 챙긴다'는 시선이 아니라 같이 해결해야 될 문제로 인식했으면 좋겠다는 거죠."

그래서 그들은 이렇게 외치기 시작했다. 〈축하해요, 김대리. 우리는 90일을 응원해요〉. 지하철 곳곳에 '축하해! 90일을 응원할게' 포스터를 붙이고, '산전후 휴가 90일! 아이와 일하는 여성을 위한 최소한의

2011년 6월 1일 3호선 불광역 게시판에 부착된 포스터

예의입니다'*라는 사회적 메시지를 퍼뜨렸다.

하나의 의제가 한 걸음 전진하면 그는 또 다른 질문을 던졌다.

"성별임금격차를, 어떻게 더 명확히 드러낼 수 있을까? 이렇게 심각한 성별임금격차가 있는데 한국사회에서 이 문제를 해결하겠다는 사회적 합의가 없는 거에요. 그럼 어떻게 가장 효과적으로 이 문제가 심각하다는 걸 드러낼 수 있을까? 노동과 돌봄의 세계를 어떻게 구축하고 조직할 것인가는 누구나 당면한 문제잖아요. 남자는 돌볼 시간도 없고 역량도 안된다는 이유로 안하는데, 여자는 당연히 돌봄을 해야 되니까 자신의 커리어를 개발할 기회를 잃어버린다? 이 속에서 우리가 지금 얼마나 고통받고 있는가를 어떻게 드러낼까, 이게 제가 던졌던 질문이었어요."

그 답을 찾기 위해 여성·노동단체들과 논의한 끝에 한 가지 캠페인을 제안한다. 〈성별임금격차 해소를 위한 조기퇴근 시위 3시 STOP 운동〉이 바로 그것이다.

"얼마나 많은 여성들이 '여자는 남자보다 덜 받아도 된다'는 가부장적인 통념 때문에 저임금에 시달리는지 알리기 위해, 3시에는

---

* 2012년 8월 2일부터 개정, 시행되는 근로기준법에 따라 산전후휴가라는 명칭은 출산전후휴가로 바뀌게 되었다. "축하해! 90일을 응원할게"는 2011년 제작된 포스터이기 때문에 산전후휴가라는 명칭을 사용한 것이다.

2017년 3월 8일 3시 스탑 집회에서 사회를 보는 임윤옥

2017년 3월 8일 광화문에서 개최된 3시 스탑 행진
출처: 뉴시스

각자 있는 자리에서 일을 멈추자. 직장인이라면 하다못해 탕비실이라도 가자. 전업주부라도 3시가 되면 나의 이 무급노동이 얼마나 문제적인가를 집에서라도 생각하자! 그래서 3시에 일을 멈추자고 한 거에요. 근데 왜 3시냐구요? 남성 평균임금이 100만 원이라면 여성 임금은 64만 원에 불과해요. 3시부터는 무급으로 일하는 것과 동일하니 3시에 일을 멈추자는 거죠."

그는 성별임금격차를 단순한 '여성의 저임금 문제'가 아니라, 사회 전체의 구조적 부조리로 바라보고 질문을 던졌다. 이 질문은 모두가 함께 짊어져야 할 노동과 돌봄의 구조를 어떻게 바꿀 것인가라는 근본을 겨누고 있었다. 그런데 이러한 사회적인 노력에도 불구하고, 누군가는 정반대의 길을 걷고 있었다.

나는 무엇을 목격했는가 – 후퇴한 성평등 그리고 내란 세력

2022년 대통령 선거 당시, 윤석열 후보는 여성가족부를 폐지하면서 '구조적 성차별은 없다'는 말을 공공연하게 내세웠다.

"이게 무슨 뜻이겠어요? 여성들이 겪는 성폭력 위협이나 불안, 독박 돌봄, 경력단절, 성별임금격차 등은 사회적인 문제가 아니라 여성 개인이 알아서 해결할 문제니까 정부 부처가 폐지되어야 한다는 거죠. 오히려 남성의 역차별이 문제라는 입장을 취해서 여성에 대한 혐오의 스피커가 커지는 걸 방치하는 게 일상이 됐어요."

그 결과는 뚜렷했다. 여성가족부 장관직은 1년 넘게 공석이고, 차관이 대행했다. 여성폭력 피해자 지원 예산은 대폭 삭감되고, 고용노동부의 민간고용평등상담실 사업비도 전액 삭감*되었다. 여성에 대한 국가의 책임이 모두 철회된 것이다.

"사회에서 젠더 폭력이나 피해를 입은 당사자들은 적절한 상담과 피해 회복 지원을 받지 못하고 있어요. 이중, 삼중의 피해를 입고 있는 거죠."

그는 페미니스트에 대한 노골적인 적대와 혐오가 더 큰 문제라고 지적한다. 2023년 11월 진주의 한 편의점에서 20대 남성이 아르바이

---

* 민간고용평등상담실은 '남녀고용평등법 제23조(상담지원) 고용노동부장관은 차별, 직장내 성희롱, 모성보호 및 일·가정 양립 등에 관한 상담을 실시하는 민간단체에 필요한 비용의 일부를 예산의 범위에서 지원할 수 있다'는 법 조항에 근거한 사업으로 2000년 5월 10개소로 시작되어 2018년 21개소로 확대 운영되었다. 그런데 2024년 1월 고용노동부는 민간 고용평등상담실을 전부 폐지하고 12억1천5백만 원에 달하는 사업예산도 전액 삭감한다고 일방적으로 발표하였다. 무려 24년 동안 피해자 입장에서 여성노동자의 권리 구제를 담당해오던 소중한 고용평등 인프라가 크게 훼손되었고 성평등 노동환경 조성은 더욱 뒷걸음질 치게 되었다.
— 김난주(한국여성정책연구원), '고용상 성차별 분쟁의 예방과 해결 – 고용평등상담실 기능 및 예산 복원', 「새 정부가 추진해야할 여성 의제」, 이화여대 젠더법학연구소·한국젠더법학회 공동토론회, 2025.6.25

트 여성의 머리카락이 짧다는 이유로 폭행을 하는 사건이 있었다. '페미는 맞아도 싸다'는 이유였다. 게임업계에서 '페미는 걸러야 한다'며 취업 불이익을 주는 사상검증이 이루어진 일도 있었다. GS25 편의점 홍보문안에 사용된 집게손가락 모양이 남성 혐오라며 불매운동이 벌어지는 일들도 벌어졌다.

"그런데 여기서 잠깐만 진짜 여성의 현실을 살펴 보자구요. 2023년 한 해 동안만도 1.9일에 한 명 꼴로, 친밀한 관계에서 발생한 폭력으로 여성이 살해당했어요.* 신당역 스토킹 살해 사건과 같은 스토킹 살해부터 N번방 디지털 성폭력, 온라인 그루밍, 딥페이크 성범죄처럼 여성들은 시간과 장소를 가리지 않는 폭력의 공포와 불안, 생존 위협에 시달립니다. 그런데도 국가가 이걸 여성 개인의 조심성 부족 탓으로 돌린다구요? 이게 과연 여성 개개인이 조심해서 해결할 수 있는 문제인가요?"

그는 다시 한 번, 한국 사회의 성별임금격차 문제로 화제를 옮긴다.

"2008년부터 여성의 대학 진학율이 남성 대학 진학율을 앞질렀습니다. 그런데도 한국의 성별임금격차는 OECD 평균 11.3%보다 무려 2.6배나 높은 29.3%로 단 한 번도 세계 1위를 놓친 적이 없

---

* 허민숙, '거절살인, 친밀한 관계 폭력 규율에 실패해 온 이유에 대한 보고서', 국회입법조사처, 2024.3

습니다. 이게 한국 여성의 능력 부족 때문일까요? 아니면 채용 성차별이나 직장 내 성희롱, 독박 돌봄과 경력 단절 등 구조적 원인 때문일까요?"

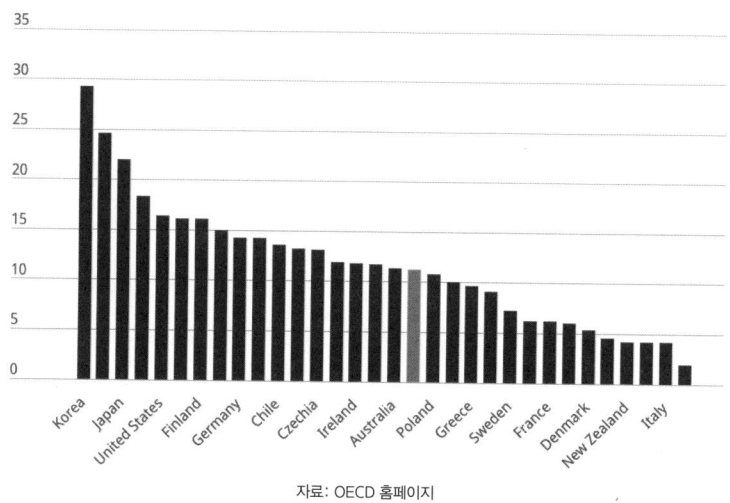

2023년 OECD 가입국 성별 임금 격차
남성 중위소득 대비 여성 중위소득 비율

자료: OECD 홈페이지

그는 2018년 대통령 직속 일자리위원회 여성분과에 참여하면서 은행권의 채용성차별 문제가 어떻게 공론화 되었는지를 생생하게 설명한다.

"처음부터 여성분과가 설치됐던 건 아니에요. 비정규직, 청년 일자리 문제는 적극적으로 다루어지는데 여성 일자리 문제는 소외되어 있어서 여성단체 대표들이 일자리위원회 부위원장을 찾아갔어요. 여성 일자리 개선을 위해서 별도 분과 설치가 꼭 필요하다고 주장해서 만들어진 거예요."

그 과정에서 밝혀진 하나은행의 채용성차별은 충격적이었다.

"금융감독원의 은행 감독 과정에서 채용비리가 있다는 게 드러났고 성차별 정황이 드러나서 언론에 보도되기 시작했어요. 하나은행은 서류전형에서 남성 합격자의 커트라인은 419점, 여성 커트라인은 467점으로 여성 지원자에게만 높은 커트라인을 적용했어요. 무려 48점의 차이가 났는데, 남성합격자는 201명, 여성합격자는 28명을 선발한 거에요. 또 국민은행은 남성지원자들의 서류전형 점수를 비정상적으로 높게 조정해서 여성지원자들을 탈락시키기도 했어요."

실제로 하나은행은 남녀 채용비율을 사전에 아예 정해놓고 채용절차를 시작했음이 드러났다. 하나은행 인사부가 면접관들에게 '여자 지원자에게 많은 점수를 주면 안된다'는 말로 점수를 조작했다는 사실이 SBS 뉴스*를 통해 보도됐다. 국민은행은 검찰조사에서 '신입행원 가운데 여자가 많으면 곤란해 남자를 배려하는 차원에서 올려준 것으로,

---

* 정연 기자, "하나은행 남녀 비율 정해놓고 채용... 커트라인, 순위 조작", SBS NEWS, 2018.4.3

조작이 아니라 조정이다'라는 얘기를 하기도 했다.

"일자리위원회 여성분과에서 이 문제를 집중적으로 논의했고, 일자리위원회 차원에서 채용성차별 대책을 발표했어요. 물론 내용적으로 미흡한 점도 있었을 거에요. 그런데 만일 여성분과 설치를 요구하지 않았더라면! 그리고 우리가 방해에 굴복해서 대책을 논의하지 않았더라면 채용성차별 문제는 공론화되지도 못하고 또 다른 이슈에 파묻혀 버렸겠죠. 관행처럼 굳어졌던 은행권 채용성차별이 공론화된 게 불과 5~6년 전이에요. 교직에 여성비율이 높다는 지적도 있는데요, 고학력 여성들이 공무원이나 교사로 몰리는 건 채용 시 여자라고 불이익을 받지는 않을 거라는 기대감 때문입니다."

이러한 문제들이 공공연하게 반복되고 있는 것 역시 구조적 문제에서 비롯된 것이다.

"채용 시에 남성 우대관행이 은밀하게 적용됐던 건 은행권 채용성차별뿐만이 아니죠. 출산과 육아는 여자들 몫이니까 정규직보다는 프리랜서나 비정규직을 택하라는 고용차별의 관행, 밤길 무서우면 여자가 조심하라는 가해자 중심의 사회, 이게 바로 구조적 성차별이 뿌리 깊게 자리 잡았다는 거에요. 이런 인식이 마치 상식처럼 통용돼서 여아 낙태를 용인했던 시기가 불과 10

여 년 전*입니다. '암탉이 울면 집안이 망한다'던 가부장제의 명분이 윤석열 정권하에서 여성가족부 폐지라는 '21세기 입틀막'으로 되살아난 겁니다."

여성이 목소리를 내는 순간 개인의 불평, 정치적 기획, 심지어 역차별로 치부되어 버리는 이 구조는 그가 수십 년에 걸쳐 싸워왔음에도 불구하고 여전히 견고했다.

"성차별이 역사적으로 깊이 뿌리박혀 있는 사회에서 남녀 간의 인식차이는 크고, 갈등이 발생할 수밖에 없어요. 그런데도 윤석열 정부는 성평등 운동을 실천하는 페미니스트를 '적'으로 치부하고 이걸 이용해서 젠더 갈등을 부추기거나 방치함으로써 정치적 이득을 취한 거에요."

정책은 사회의 상식이자 기준이다. 그런 점에서 윤석열 정부의 메시지는 명확했다. 여성은 정책의 대상이 아니며, 국가가 보호할 의무가 없는 존재라는 선언이었다. 구조적 차별을 인정하지 않는 국가 아래에서, 여성의 삶은 점점 더 고립되고, 위험해졌다. 성평등을 후퇴시키고 여성의 존재를 주변화 하는 태도, 사회적 약자의 목소리가 지워

---

*2010년 셋째 아이의 성비(남아 수 ÷ 여아 수 × 100)는 110.9로, 남아 110.9명당 여아 100명 비율이다. 이는 자연 출생 성비(약 105 내외)를 넘어선 수치로, 당시 셋째 이상 출생에서 남아 편중 경향이 여전히 존재했음을 보여준다.

지는 이면에는 특권화된 소수의 권력이 자리 잡고 있었다.

"내란 세력의 본질이 뭐냐고요? 저는 그게 권위주의에 찌든 특권 엘리트층의 이기심이라고 생각해요. 이 사람들은 자신이 서민, 시민들과는 다르게 특별한 지위와 권한을 갖고 있다고 여기죠. '우리는 결정하는 사람이고, 너희는 따라야 한다'는 권위의식이 철저하게 박혀 있어요. 관료부터 판사, 국회의원, 언론인까지, 각계각층에 이 권위주의적 기득권 체제가 촘촘하게 얽혀 있죠."

'내 권위에 복종하라'는 권위주의 사고와 명령, 바로 그것이 내란의 핵심이라는 그의 말처럼 탄핵까지의 5개월, 우리 사회는 특권 엘리트층의 민낯을 보았다.

"서울대, 사법고시, 엘리트, 이런 말만 들어도 주눅 들던 때도 있었지만 이제는 '아, 진짜 별거 없구나, 우리랑 똑같을 뿐만 아니라 참 허울뿐인 인간들이구나, 사적 이익을 위해 공적 지위를 이용하는 파렴치범'이라는 걸 다 알게 된 거죠."

그의 말에 의하면 내란은 분단 국가에서 반공을 빌미로 민주주의를 억압했던 권위주의체제를 숙주 삼아 기득권을 누린 특권 엘리트층의 반동이다. 내란 세력은 자신들이 누려온 특권을 위협하는 '내 삶을 바꾸는 민주주의', '성평등·돌봄 민주주의'로의 흐름을 과거로 회귀시키려고 했다. 그렇기에 그는 새로운 정부가 진짜로 직면한 과제는 이 구조를 어떻게 극복할 것이냐에 달려있다고 본다.

"권위주의에 맞서는 게 뭘까요? 평등이에요. '우리는 모두 평등하다', '한 표씩 가진 국민이다'라는 인식이요. 성평등 운동도 마찬가지입니다. 여성도 똑같은 국민이고, 모든 존재가 평등해야 한다는 게 페미니즘의 핵심이죠. 저는 페미니즘이야말로 일상의 권위주의, 사회에 성역처럼 남겨진 권위적인 가부장 질서를 해체하는 운동이라고 생각해요."

이러한 인식은 오늘날 더 분명해지고 있다. 특권과 권위주의를 해체하려는 페미니즘의 흐름은 이제 타협이 아닌 선언으로 이어지고 있다.

"우리는 그동안 조금씩 타협하며 변화를 시도해왔지만, 2030 여성들은 훨씬 더 전면적으로, 자신의 주체성을 선언해요. 가정에서도, 일터에서도, 사회 전반에서도 '나는 너랑 다르지 않다, 똑같다'고요. 이전 세대에는 딸이라는 이유, 엄마라는 이유, 경제적 약자라는 이유로 무시받던 목소리가 이제는 더 이상 무시당할 이유가 없어진 거죠. 만약 우리가 이 특권 세력과 싸우느라 후자의 '내 삶을 바꾸는 민주주의'를 실현하지 못하면, 더 큰 파시즘이 올 수도 있어요. 극우화된 집단이 더 큰 혐오로 돌아올 테니까요. 지금 중요한 건, 두 전선 특권 내란 세력 청산과 평등 민주주의 실현을 어떻게 균형 있게 타고 갈 것인가가 관건입니다."

이 고민이야말로 앞으로의 모든 정부, 특히 내란 직후의 정부가 반드시 맞닥뜨린 시대적 과제라고 그는 덧붙였다.

"이게 한꺼번에 가능할까, 저도 늘 고민합니다. 하지만 결국 시민들이 민주주의와 평등을 일상속에서 실질적으로 실현해내는 힘을 갖느냐가, 내란을 넘어서는 유일한 길이라고 생각해요."

광장에, 우리가 있었다

"윤석열은 민주주의의 적이었고, 정치적 이해관계에 따라 여성의 현실을 왜곡하고 혐오와 적대가 난무하게 만들었습니다. 파면은 사필귀정인 거죠. 광장에서 그걸 증명한 이들이 바로 여성들입니다."

2024년 겨울, 윤석열 정부의 계엄 시도는 대한민국의 민주주의를 뿌리째 흔들었고 우리를 다시 광장으로 소환했다. 그 거리에서 응원봉을 흔들던 이들의 다수는 이삼십대 여성이었다. 이들은 탄핵을 요구하며 목소리를 냈고, 실제로 12월 7일 집회 참석자의 29.7%, 12월 14일에는 29.1%가 2030 여성이라는 통계가 그 참여를 입증했다.*

"이삼십대 여성들이 주권자의 이름으로 탄핵과 파면의 선봉에 섰어요. 이건 단순한 분노 때문이 아니에요. 생존의 문제죠."

서울 전 지역에 대설주의보가 내려진 겨울, 키세스 시위대
출처: ⓒ이정헌 화백

여의도 시위, 남태령 시위, 한남동 키세스 시위 등에 참여한 2030 여성들의 인터뷰 기사들을 읽던 그의 눈에 '죄책감'이란 단어가 들어왔다.

---

* 플랫팀 기자, "여의도 탄핵집회, 20대 여성이 가장 많았다... 10명 중 3명은 '2030 여성'", 경향신문, 2024.12.12

"추운 건 싫고 칼바람에 덜덜 떠는 건 고통스러운데 왜 집회에 참여했냐는 질문에 다들 '죄책감'을 얘기하더라구요. 그게 뭔지 단박에 알 것 같았어요. 바로 제가 광주에서 느꼈던 죄책감이었어요. 1980년 5월 17일 그날 밤, 활활 타오르는 횃불을 밝히면서 대학생들이 거리에서 외치고 있었어요. 그 모습에 발걸음이 절로 빨라졌어요. 집으로 돌아가야겠다는 생각뿐이었죠."

1980년 5월, 그는 광주의 한 고등학교 3학년이었다. 그에게 광주항쟁은 뉴스 속 사건이 아닌 일상이 무너지는 현장이었다. 5월 20일, 광주 전역의 초중고에 휴교령이 떨어지고, 학교는 한 달 동안 문을 닫았다.

"당시 고3이었는데 입시 준비가 중단됐어요. 지금 생각하면 학습권 침해인데, 사실 그런 말도 꺼낼 수 없었죠. 초등학생조차 죽거나 다쳤던 그 비극 속에서 고3의 대학 진학이 문제였겠어요?"

휴교령이 해제되고 다시 학교에 가게 되었을 때, 그의 반 친구 하나가 보이지 않았고 그 친구의 책상은 졸업식까지 비어 있었다.

"그 친구를 마지막으로 본 건 도청 시위 현장이었어요. 교복을 입은 채 연단에 올라 태극기를 흔들고 있었죠. 기억에 박힌 모습이에요. 그 아이가 도청에서 그런 자리에 서 있을 줄은 몰랐죠. 그런데 졸업 때까지 다시는 얼굴을 못 볼 줄은 꿈에도 몰랐어요."

광주도청에 끝도 없이 몰려든 시민들의 항쟁 열기도 놀라왔지만 진짜 다리가 후들거릴 만큼 무서웠던 건, 광주 상무대로 쉴 새 없이 들어오던 관들이었다. 이미 빽빽하게 놓여진 관들을 이리 밀치고 저리 밀치면서 새로 들어오는 관들이 놓일 자리를 마련하는 모습은 계엄군의 무고한 학살을 증명하고 있었다.

"소설 『소년이 온다』에서 그 소년이 맡은 임무가 바로 그거였죠. 누가 봐도 얼기설기 급하게 짠 관들 위에 놓인 태극기는 '누가, 왜 죽였나?'라는 질문을 던지고 있었지만 그 질문은 말이 되지 못했어요."

그런데 어느 날 담임선생님이 교무실로 그를 불렀다. 선생님은 조심스레 티슈에 싸인 무언가를 꺼냈다. 피가 말라 얼룩진 총알이었다.

"YWCA회관 바닥이 피로 흥건했대요. 선생님이 그러셨어요. '너라도 이 총알의 의미를 알아내야 하지 않겠니?' 그 말을 듣고 가슴이 쿵쾅 거렸어요. 왜 나한테만 이 얘기를 하시는지 무거웠죠."

광주항쟁의 마지막 날, '도청으로 모여 달라'는 가두방송과 연이어 터져 나오던 총소리, 억울한 죽음과 통곡으로 광주학살은 비극적으로 막을 내리는 것만 같았다. 그러나 그 피맺힌 절규는 민주주의를 염원하는 사람들의 가슴에 소중한 씨앗으로 뿌리 내렸다. 살아남은 자들이 그 씨앗을 품고 국가 폭력의 진상규명을 향해 한발 한 발 나아갔다. 그들의 의로운 죽음이 외롭지 않아야 한다는 생각, 그것은 살아남은 자의 몫이라는 생각. 그리고 '나는 그곳에 없었다'는 죄책감이 이들의 동력이었다.

"부끄러움도 모르고 수치도 모르고 거짓말을 일삼으면서 자기 이익 추구에만 열 올리는 엘리트 특권층은 절대 알 수 없는 거죠. 지금 당신이 고통 받고 있다는 것을 알면서도 함께 하지 않았을 때 느끼는 마음의 통증, 바로 죄책감입니다. 엘리트 특권층이 절대 알 수 없는 민주시민의 덕목이요."

그는 이 죄책감이 고통을 감지하고 응답하려는 연대의 뿌리라고 얘기한다. 그래서였을 것이다. 2024년 겨울 광장에는 타인의 고통에 응답하기 위해 나온 수많은 사람들이 있었다.

"처음 여의도 집회에 갔을 땐 응원봉 없이 갔어요. 그런데 직접 가보니까 너무 예쁜 거예요. 형형색색 빛나는 그 에너지 속에서 노래에 맞춰 몸을 흔들고 '탄핵! 탄핵! 윤석열 탄핵!' 외치는데,

박자와 리듬까지 어찌 그리 잘 맞는지, 진짜 신났어요."

그날 광장은, 말 그대로 빛으로 가득 찬 곳이었다. 기존의 시위문화와는 전혀 다른 풍경. 콘서트처럼 생동감 넘치고, 무엇보다 밝았다. 그 중심에는 20대 여성 시민들이 있었다. 경쾌한 음악, 리듬감 있는 구호, 그리고 형형색색의 응원봉-. 이 새로운 시대의 집회는 생존의 외침이자 축제의 선언이었다.

"집회 참여하고 나서 응원봉이 너무 갖고 싶더라고요. 저는 윤도현 팬이라 윤도현 응원봉이라도 사야 하나 싶었죠. 그래서 세미나를 같이 하는 동료들이랑 응원봉을 제작했어요. 응원봉은요, 지금 힘들고 부족해도 주눅 들지 않고 살아가겠다는 선언 같아요. 나 혼자가 아니라 함께 라는 걸, 새로운 시간을 함께 만든다는 걸 보여주는 상징이에요."

그가 다시 광장으로 나섰을 때 손에는 〈세상을 바꾸는 페미〉라는 문구가 새겨진 응원봉이 들려있었다. 그 마음의 깊은 뿌리에는 그의 가족들만이 아는 '르망 정신'이 있었다. 윤도현 음악을 테이프가 늘어지도록 들어가며 낡은 차를 탔던 시절, 여행비 아끼려 새벽 5시에 일어나 김밥을 싸며 돈가스를 먹고 싶은 마음쯤은 참아야 했던 시간. 풍족하진 않았지만, 그 시간을 함께 나눈 가족의 기억은 지금 응원봉을 들고 다시 거리로 나가는 삶의 태도로 되살아났다.

"삶이 찌그러지지 않고, 움푹 패이지 않고, 있는 그대로 그 순간을 즐기려는 태도. 그게 르망 정신이죠."

2025년 1월 25일, 그도 응원봉을 들고 탄핵집회에 참석했다.

광장에서 빛나는 것은 응원봉 뿐만이 아니었다. 응원봉의 물결 사이로 퍼진 또 다른 연대, 선결제였다. 카페 커피, 분식집 김밥, 심지어 눈 오는 날 남태령 집회에 도착한 난방버스까지. 선결제의 방식은 다양했지만, 그 안에 담긴 마음은 하나였다. 당신의 자리에, 나도 함께 있다는 약속. 누군가는 시위대를 위해 커피 1,000잔을 결제했고, 어떤 이는 사탕을 나눠주었다. 낯선 이들과의 나눔은 특별하면서도 익숙한 경험이었다.

"어느 날 한 분이 막대사탕을 건네는 거예요. '곧 발렌타인데이에요' 하면서요. 또 다른 분은 통에 깎아온 사과를 꺼내 나눠주고, 저도 노동조합에서 나눠준 꽈배기를 다시 나눠 드렸죠. 그렇게 서로의 존재를 확인하는 시간이 위로였어요."

그는 자연스레 광주항쟁의 주먹밥을 떠올렸다. '너의 아픔이 나의 아픔'이라는 말이 현실이었던 시간. 그것이 이번에는 '선결제'라는 문화로 피어났다. 도로 옆 다라이마다 쌓여 있던 밥과 물, 콜라, 과자들. 누구든 가져가도 좋았던, 아픔을 함께 나누는 현장의 풍경. 1980년 광주의 그 주먹밥이, 2024년 선결제라는 문화로 되돌아온 것이다.

"〈이 폐허를 응시하라〉에서 레베카 솔닛은 '재난은 선물을 창조하지는 않지만 선물이 도착하는 통로가 될 수 있다. 재난은 사회적 열망과 가능성을 보여주는 놀라운 창이 될 수 있기 때문'이라고 했어요. 1980년의 광주 시민이나 2024년의 대한민국 시민이나, 권력자의 장기집권 야욕으로 가장 소중한 일상을 뺏기고 재난의 시간을 보내야 했잖아요. 그 재난을 통해서 우리는 우리가 원하는 사회적 열망이 뭔지를 깨닫고 그 열망을 이룰 수 있는 가능성과 힘이 우리에게 있다는 걸 깨달은 것 같아요. 이 싸움은 절대 지면 안 되는 싸움이라는 걸 모두가 본능처럼 알고 있었던 거죠. 그래서 1980년 광주의 주먹밥이 2024년 선결제 문화로 꽃핀 거예요. 한강 작가도 그랬죠. 죽은 자가 산 자를 살린다고."

사람과 차들이 다니던 통행로가 '너의 아픔이 나의 아픔'임을 현현하는 장소로 바뀌어버린 그날의 광장은 깃발들로 또 하나의 서사를 완성했다. 무겁고 비장한 구호 대신, 유쾌하고 기발한 깃발들이 바람에 날렸다.

"'전국 경숙씨의 딸들 연합'이라는 깃발이 보이는데, 너무 반가운 거예요. 우리 엄마 이름이 경숙이니까. 나도 저 연합의 일원이구나 싶어서 사진도 찍었어요."

그가 광장에서 만난 〈전국 경숙 씨의 딸들 연합〉 깃발

'전국 집에 누워있기 연합', '고양이발냄새연구회', '전국 뒤로 미루기 연합' 같은 깃발들이 말하고 있었다. 누구 한 사람도 굳이 어딘가의 소속일 필요 없고, 대단하게 비장할 필요도 없었다. 각자의 이름, 취미, 정체성을 새겨 들고 나온 그 깃발 하나가 바로 자격이었다.

"집회 참석에 무슨 자격이 필요한 건 아니더라고요. 나만의 깃발 하나로, 우리는 서로에게 충분히 힘이 되었어요."

광장의 하늘을 형형색색 마음을 담은 깃발들이 채우고 있다

계엄과 탄핵으로 드러난 민주주의 위기와 젠더 불평등

2024년의 탄핵 집회는 평화를 침범당한 존엄한 개인이 저마다

의 삶을 지키기 위해 모여서 목소리를 낸 시간이었다. 그러나 일부 극우 언론과 정치권은 이 흐름마저 왜곡했다. '서부지법 폭동을 일으킨 2030 남성과 응원봉을 든 2030 여성'을 극단적으로 대비시키며, 마치 청년 남성 전체가 보수화되고 극우화된 것처럼 묘사했다.

"팩트를 봐야죠. 한국갤럽 조사에서 20대 전체의 탄핵 찬성 비율은 86%로 전 세대 중 가장 높았어요. 20대 남성도 과반 이상이 찬성했고요. '2030 남성은 탄핵에 반대한다'는 프레임은 허구에 가깝습니다."

그는 이러한 구도가 청년 세대 내부의 현실을 가리는 왜곡된 프레임이며, 일부 남성 청년의 보수화 경향과 여성 혐오 정서에는 보다 깊은 맥락이 있다고 짚는다.

"단순한 혐오가 아니라 '향수적 박탈'에서 비롯된 감정이에요. 부모 세대와는 달리, 가장의 지위를 더 이상 당연히 누릴 수 없는 현실, 여성과 동등한 조건에서 경쟁해야 하는 노동시장이 그 배경이죠. 이런 상실이 과거에 대한 동경으로 이어지고, 그 동경이 극우 담론과 결합하면 위험한 형태로 증폭되기도 합니다."

물론 우려가 되는 측면도 있다.

"최근에 극우 청년을 인터뷰한 기사*를 읽었어요. 그 20대 극우 청년은 보수성향을 택한 계기가 페미니즘에 대한 거부감이라는 것에 일부 동의한다면서, '청년 입장에서는 여성만 사회적 약자라며 갈라치기하는 세력은 이를 정치적으로 이용하는거다'라고 하더군요. 처음엔 좀 혼란스럽고 무슨 말인지 이해하기 어려웠어요."

그동안 여성계는 20대 대선후보였던 윤석열의 여성가족부 폐지 공약이 구조적 성차별의 문제를 직시하기는커녕 남성 표를 얻기 위해 청년 남성의 박탈감 정서를 정치적으로 동원한 것이라고 비판해왔다. 그런데 이 극우 청년은 '여성만 사회적 약자'라고 갈라치는 것이 여성 표를 얻기 위한 정치적 이용이라며, 보수성향을 택하게 된 이유가 페미니즘에 대한 거부감 때문이라고 하니 선뜻 이해하기 어려웠다.

그런데 페미니즘이 '여성만 사회적 약자'라고 주장한다는 것은 터무니없으며 단순히 '여성이 사회적 약자'라고 주장하는 것도 아니다. 미국의 흑인 페미니스트인 벨 훅스는 "페미니즘이란 성차별주의와 그에 근거한 착취와 억압을 끝내려는 운동으로 단순히 여성만이 아니라 모든 성별이 차별에서 해방되는 것을 목표로 한다"**라고 정의한다. 말하자면 착취와 억압이 발생하는 근원을 파헤쳐서 모두가 해방되는

---

* 남태민 기자, "나는 극우... 탄핵 반대집회 나서고 유튜브로 뭉친 2030 〔애국청년〕", news1, 2025.4.13
** 벨 훅스, 「모두를 위한 페미니즘」, 문학동네, 2017

것이 페미니즘의 목표이다. 벨 훅스는 '페미니즘을 더 잘 알게 되면 더 이상 페미니즘을 두려워지 않으리라고 믿는다. 페미니즘 운동을 통해 그들 역시 가부장제의 속박에서 풀려나리라는 희망을 보게 될 테니 말이다'라고 말한다. 아마 벨 훅스는 그 청년에게 '당신의 해방을 위해서도 페미니즘은 필요하다'고 말할 것 같다. 그러니 극우 청년 남성들이 왜 페미니즘을 오용하고 거부감을 느끼는지 "침착"하게 따져보자.

> "나오미 클라인은 침착이 저항의 방식이라고 얘기했어요.* 음모론 문화는 항상 침착의 반대인 패닉을 확산시키려 한다는 거예요. 충격 상태에 진입한 사람과 사회는 정체성을 잃고 방향감각을 상실하기 때문에 패닉 상태에 빠질 수 있는데 침착은 집중의 사전 준비물이자 문제 해결 순서를 정하는 능력의 전제조건이라는 거죠. 침착하라는 것이 분노를 꺼뜨려서 공동체 문제에 무관심한 채 개인의 안녕을 꾀하자는 말이 아니에요. 저항의 방식이라는 겁니다."

이 말처럼 지금 우리에게 필요한 건 냉정한 성찰이다. 한국 사회는 불과 한 세기 만에 식민지, 전쟁, 산업화, 민주화, 선진국 진입까지 압축적으로 겪어냈다. 특히 IMF 이후 신자유주의가 지배체제가 되면서 사회는 '각자도생'과 '승자독식'의 질서로 굴러가기 시작했다.

---

* 나오미 클라인, 『도플갱어—우파라는 거울 이미지를 마주한 미국 좌파의 딜레마』, ㈜글항아리, 2024

"'사회는 없다, 개인과 가족만 있을 뿐'이라는 마거릿 대처 영국 수상의 말처럼 남과 경쟁해서 이기는 경쟁만이 유일한 가치가 됐어요. 내 생각이나 행동, 선택이 사회에 미칠 영향을 고려하는 건 한가한 사치이거나 거추장스러운 게 돼 버린 거죠. 연대, 우정, 신뢰 같은 건 나만 손해 보는 감정이 된 거에요."

디지털 경제, AI 기술, 코로나19 위기까지 겹치며 안정된 일자리는 줄었고, 부모의 배경 없이 중산층을 유지하기란 갈수록 어려워졌다. 남성 청년은 이제 여성과도 같은 조건에서 경쟁하게 됐다.

"아버지 세대에겐 당연했던 가장이라는 지위가, 이제는 극소수만이 누릴 수 있는 '희귀템'이 된 겁니다."

그러나 남성 청년들은 이 변화 속에서 새로운 해방의 주체가 되기보다는, 상실에 대한 두려움으로 과거를 동경하게 된다. 이 감정을 '향수적 박탈Nostalgic Deprivation'*이라고 한다.

"여성은 한층 더 급진적인 개혁을 요구하는 미래지향적 태도를, 남성은 '상실'을 두려워하는 과거지향성을 드러내게 된 거죠."**

---

* 정헌희 기자, "[EBS 위대한 수업, 그레이트 마인즈(시즌4)] 조앤 윌리엄스 '저출생 워킹맘 극우 그리고 신자유주의' 특강", 한국 강사신문, 2024.11.25
** 홍찬숙(서울대학교 여성연구소), 「한국사회의 압축적 개인화와 문화변동」, 세창출판사, 2022

경제는 압축적으로 성장했지만, 가치관은 그렇지 않았다. 여성의 경제활동이 늘었음에도, 가사노동과 돌봄에 대한 남성의 인식은 여전히 변화가 더딘 상태다.

"노벨경제학상 수상자인 클라우디아 골딘의 논문 '아기와 거시경제'를 보면 2차 세계대전 이후에 여성의 노동시장 진출이 빨라졌는데 집안일에 대한 남성의 생각은 이런 추세를 따라가지 못해 충돌이 발생했고 전 세계적으로 저출생 문제가 발생한 거라고 지적해요. 남성이 집안일을 더 많이 하는 국가는 출산율이 높고 반대인 국가는 출산율이 낮다는 건데, 바로 한국이 대표적인 나라라고 콕 집어서 얘기하는 기사가 났었어요."[*]

실제로 2019년 기준, 한국 여성은 하루 평균 193분을 가사·돌봄 노동에 쓰는 반면, 남성은 56분[**]이었다. 여성은 남성보다 3.5배 더 많은 시간을 가정에 쓰고 있다는 것이다. 이는 곧, 경쟁사회에서 여성에게 불리한 구조로 작용한다. KDI의 한 연구[***]에 따르면 2023년 현재 여성의 경력단절 비율은 17%로 2014년 22%보다 5% 감소했다. 하지만 이것은 3,40대 무자녀 여성의 경력단절 비율에만 해당되는 것이다.

---

[*] 이유주 기자, "한국 뼈 때린 노벨상 경제학자 '출산율, 남자들 가사 참여도에 좌우돼'", 베이비뉴스, 2025.2.20
[**] 지표누리(www.index.go.kr), 2025.3.3
[***] 조덕상, 한정민, '여성의 경력단절 우려와 출산율 감소', KDI FOCUS, 2024. 4월호

자녀가 있는 여성의 경력단절은 거의 줄어들지 않았다. 성별 고용 격차가 완화된 것이 아니라, 자녀가 없는 여성들이 남성과 경쟁하는 구조로 노동시장이 고착화되어 간다는 뜻이다.

"남녀 모두에게 일과 가정의 양립이 가능한 사회가 되지 않으면, 노동방식의 변화가 일어나지 않으면, 갈등은 더 격화되고 출산율은 더 떨어질 수밖에 없습니다."

그는 이러한 문제의 해법으로 조 앤 윌리엄스의 "미래지향적이고 포용적인 사회"를 제시한다.

"향수적 박탈에서 벗어나도록 유도하고, 노동법을 고쳐서 안정된 일자리를 보장해야 하고, 아버지 세대가 누리지 못했던 미래 경제에서 기회를 찾도록 새로운 성장 기회를 만들어내는 게 문제 해결의 핵심이에요."

하지만 이것만으로 해결되는 것은 아니다.

"노동시장만 고친다고 해결되진 않아요. 성인지 감수성은 따로 훈련돼야 합니다."

최근 고려대 전기공학부 소모임이 만든 릴스 영상은 그 필요성을 단적으로 보여준다. 골목에서 남학생이 여학생을 쫓아가는 장면에 '아무 여자 골라서 집까지 데려다주기'라는 자막이 붙은 영상이었다. 스토킹을 연상케 하는 이 장면은 여성의 불안을 조롱거리로 삼았다는 비판을 받았고, 결국 '사회적으로 민감한 주제를 가볍게 여기고 웃음의 소재로 삼았던 경솔함을 반성한다'는 입장문을 내며 사과와 삭제로 이어졌다.

"스토킹 살해, 교제 살인… 여성을 상대로 한 폭력으로 이틀에 한 명씩 죽어나가는 상황에서 여성의 불안을 웃음거리로 삼아 이런 영상을 만든다는 거 자체가 남성 청년의 성인지성의 심각성을 환기시키는 겁니다. 여성을 대상화하거나 품평하는 게 얼마나 심각한 문제인지, 끊임없이 얘기하고 또 얘기해야 하는 이유입니다."

노동시장을 개혁한다고 해서 이러한 성인지 감수성이 저절로 올라가는 것은 아닐 것이다. 지금 필요한 건 두 가지다. 성평등 정책의 지속, 그리고 노동과 돌봄에 대한 사회 시스템의 전면적 재구성이다.

"성평등 정책은 여성 우대 정책이 아닙니다. 누구나 존엄한 존재로 차별 없이 살아갈 권리를 보장받자는 운동이에요. 이건 여성들에게만 국한되는 게 아니에요. 여성이 안전하면 남성도 안전합니다. 여성이 독박 돌봄에서 해방되면, 남성에게도 돌봄권과 휴식권이 생긴다는 겁니다. 여성의 비정규직화를 막기 위한 제도는 일자리 전반의 안정성을 높이는 거에요."

그는 차별과 혐오에서 벗어나기 위해 성평등 정책을 강화함과 동시에 누구도 벼랑에서 떨어지지 않도록 지속가능한 사회의 구조를 재발명 해야 한다고 말한다.

"성평등은 여성만을 위한 정책이 아니라, 모두를 위한 존엄의 기초입니다. 권위주의와 무한경쟁체제에서 벗어나서 성별 관계 없이 존엄한 삶을 살 수 있도록 차별금지법을 제정하고 노동기본권을 강화해야 해요. 사회의 전 영역에서 사회공공성을 강화함으로써 차별과 혐오를 넘어, 더 강한 사회적 연대와 공공의 재설계로 나아가야 합니다."

광장의 언어로 함께 꿈꾸는 사회

"항상 광장에는 여성이 있었지만, 선거가 끝나면 여성은 사라졌습니다."

그는 2018년 #미투운동과 함께 하는 시민행동 전체 대표자 회의에서 자신이 했던 발표*를 떠올렸다.

"87년, 2017년 민주주의 혁명에서도 여성의 목소리는 주변화됐어요. 1987년 직선제 개헌 투쟁 후 노동자 대투쟁이 있었듯, 2017년 촛불혁명 이후 미투 운동이 일어난 건 너무도 당연한 흐름이었죠. 가장 모순이 격렬한 곳에서 그 모순을 드러낼 주체 세력이 있을 때 그 모순은 폭발적으로 드러나게 됩니다. 한국 사회는 미투가 안 일어나면 이상할 정도로 성차별적인, 기울어진 운동장이었습니다."

하지만 아쉽게도, 촛불혁명으로 출범한 문재인 정부에서도 여성들의 삶은 크게 바뀌지 않았다고 말한다. 오히려 페미니즘은 '젠더갈등을 부추기는 세력'으로 몰렸고, 정치권과 언론은 청년 남성의 역풍을 활용해 '역차별'이라는 프레임을 적극적으로 확산시켰다.

"'젠더갈등'이라는 단어, 가장 열심히 쓴 사람 중 하나가 김현숙 전 여성가족부 장관이었어요. 여성 중심 정책이 갈등을 만든다고요. 그런데 정작 그 갈등을 통해 이익을 얻은 건 누굽니까? 청년 남성이 아니라, 일부 정치인들이었죠."

예컨대 이런 식이다. 김현숙 장관은 "(여가부는) 사회가 당면하고 있는 젠더갈등을 풀어나갈 수 있는 부처"여야 하며, "문재인 정부 때 젠더 갈등이

---

* 임윤옥, '#미투운동과 함께 하는 시민행동 방향과 전략', 「#미투운동과 함께 하는 시민행동 전체 대표자회의&워크숍 자료집」, 2018.4.4

훨씬 격화됐는데 이는 여가부가 20대 남성이 느끼는 역차별 느낌을 안 받아줬기 때문"이라고 말했다. 그의 발언에는 공통된 전제가 있다.
①한국 사회의 큰 문제는 20대를 중심으로 발생하는 젠더갈등이다. ②젠더갈등은 페미니스트 정부를 자처해 여성 중심 정책을 추진했기 때문에 일어났다. ③젠더갈등을 해소하는 방법은 남성의 이야기를 더 듣는 것이다. 이같은 젠더갈등 프레임은 구조적 성차별과 여성혐오에 대한 고민이 놓여야 할 자리를 빠르게 대체하고 있다.
한국언론진흥재단의 뉴스 빅데이터 분석 시스템인 '빅카인즈'에서 '젠더갈등' 이라는 단어가 포함된 기사의 추이를 검색했더니 젠더갈등 프레임은 2018년 하반기부터 나타나 2019년 한 차례, 2021년~2022년, 일곱 차례 젠더갈등 관련 기사가 급증했던 것으로 나타났다.*

박다해 기자는 뉴스 빅데이터 분석을 통해 봐도 이 프레임의 확산 시점은 분명하다고 말한다. 2018년 하반기부터 '젠더갈등' 기사가 증가했고, 2021~22년에는 급증했다. 이는 국민의힘 하태경, 이준석, 윤석열 정부의 김현숙 등이 주도한 담론이었다. 그러나 윤석열 정부는 남성 청년의 지지로 집권했음에도 정작 그들을 위한 실질적 개혁은 없었다.

"그럼 이렇게 젠더갈등을 부추기고 남성 청년이 역차별받고 있

---

* 박다해 기자, "페미니즘은 죄가 없다… 일베·펨코 인기글 46만 건 분석 [혐오의 민낯]", 한겨레21. 2022.10.11

다면서 페미니즘을 조롱해가며 얻은 이익은 누구에게로 갔을까요? 남성 청년들에게 돌아갔나요? 윤석열 정부는 남성 청년들의 지지를 받고 집권에 성공했지만 그들을 위한 지위 향상을 위해서는 어떤 개혁도 하지 않았다는 걸 우리 다 알고 있지 않나요? 오히려 채상병 사건을 통해서도 볼 수 있듯이 권위주의 체제에서 모든 시민의 인권이 시궁창에 처박혔어요. 젠더갈등 프레임으로 이익을 본 건 권력자들뿐이고, 시민 전체는 탄핵과 계엄이라는 혹독한 대가를 치뤘습니다."

하지만 희망은 있었다. 그는 헌법재판소의 판결문*에서 그것을 발견했다고 말한다.

"헌재는 계엄 해제가 가능했던 이유로 시민의 저항과 군경의 소극적 임무 수행을 명시했어요. 윤석열이 말한 '2시간짜리 계엄은 없다'는 궤변에 통쾌한 반박이었죠."

만일 군경이 상부의 명령을 아무 생각 없이 따랐다면, 광주항쟁처럼 또 다른 유혈 사태가 벌어졌을 지도 모른다.

---

* 4월 4일 헌법재판소 결정문 일부 "국회가 신속하게 비상계엄 해제 요구를 결의할 수 있었던 것은 시민들의 저항과 군경의 소극적인 임무 수행 덕분이었으므로 이는 피청구인의 법 위반에 대한 중대성 판단에 영향을 미치지 않습니다."

"군경의 소극적 임무를 수행한 사람들이 바로 남성청년들이에요. 그들이 임무를 무조건 수행하지 않고 소극적으로 저항했기 때문에 계엄은 조기 해제될 수 있었던 거죠. 이들에게 똑같은 낙인을 찍는 건 부당합니다. 그러니 2030 남성 전체가 보수화, 극우화 됐다고는 볼 수 없는 거죠."

그는 이 장면에서 한나 아렌트의 '악의 평범성'을 떠올린다.

"한나 아렌트는 나치 독일의 유대인 학살을 조직적으로 수행한 아이히만이 단순히 '명령에 복종한 관료'였다는 점에 주목했어요. 그러니까 전통적 의미로서의 '악마적 인물'이 아니라 깊이 없는, 사고하지 않는 평범한 사람이었기 때문에 자신의 행동이 윤리적, 도덕적으로 뭘 의미하는지 숙고하지 않은 게 문제의 핵심이라고 본 거죠. 악이라는 게 괴물이 아닌 평범한 사람의 무사유에서 비롯될 수 있다는 의미에서 '악의 평범성'을 얘기한 거에요."

명령을 비판 없이 따르는 것의 위험, 생각하지 않는 것의 비극. 1980년 광주에는 없었고 2024년 서울에는 있었다. 이것이 바로 그가 말하는 희망의 씨앗이다. 그리고 그가 바라본 또 하나의 희망, 시민이었다.

"두말할 필요 없이, 시민의 저항이 계엄 해제의 동력이었습니다. 특히 2030 여성들이 혐오와 백래시에 굴하지 않고 응원봉을 들고 빛의 혁명 주체로서 광장에 선 거죠. 1987년 6월 항쟁의 상징이 넥타이 부대였다면, 2024년 빛의 혁명의 상징은 응원봉이에요. 87체제에서 군사독재 종식에 기여한 넥타이 부대가 중산층 남성 가장으로 성장하며 가장 큰 경제성장의 과실을 누렸다면, 이제는 응원봉을 든 2030 여성들이 차별과 혐오를 끝내고 성평등 민주주의, 돌봄 민주주의, 노동 민주주의를 여는 시대를 시작하려는 겁니다. 이게 바로 87체제를 넘어서 새로운 민주공화국을 여는 시작이죠."

내 삶을 실질적으로 바꾸는 성평등 민주주의, 돌봄 민주주의, 노동 민주주의를 실현하는 새로운 공화국의 문을 활짝 열게 될 지금의 시대정신 앞에서, 그는 단호하다.

"87년 6월 혁명, 2017년 촛불혁명, 그리고 2024년 빛의 혁명에서 광장의 여성들이 냈던 목소리가 절대로 지워져선 안돼요. 2030 남성 전체를 보수화, 극우화된 집단으로 왜곡해서 단정지어서도 안돼요. '촛불혁명 이후에도 내 삶은 달라지지 않았다.' 이 말이 반복되지 않도록, 이번에는 새로운 민주주의를 발명해야만 해요."

빛의 혁명은 과거로부터 되돌려 받는 것이 아니라 새로운 미래를 만들어가는 과정이어야 한다며, 그는 안토니오 네그리와 마이클 하트의 〈어셈블리〉에 나온 말을 인용한다.

"이것은 어떤 민주주의를 되찾는 문제가 아닙니다. 우리는 오늘의 시대에 맞는 민주주의 사회를 발명해야 합니다."

_ 안토니오 네그리 & 마이클 하트, 「어셈블리」

역사의 격랑 속, 여성들도 언제나 그곳에 있었다. 공장의 조립대 앞에서도, 닭장집의 단칸방에서도, 육아와 돌봄이라는 이름 없는 노동의 자리에서도, 그리고 거리와 광장의 맨 앞줄에서도. 그의 이야기는 단지 한 사람의 인생사가 아니었다. 존재하지 않는 것처럼 취급되었던 여성의 자리, 말할 수 없었던 억울함에 이름을 붙이고, 사적인 고통을 공적 언어로 바꿔온 이들의 이야기였다.

'여성노동'이라는 낯선 이름에, 사회적 정의와 존엄을 새겨 넣은 시간. 지워진 목소리를 다시 되찾고, 차별을 언어로써 고쳐온 시간. 그 시간의 축적은 지금, 우리가 딛고 서 있는 이 광장의 밑바탕이 되어주었다. 2024년, 응원봉을 들고 나온 이삼십 대 여성들의 발걸음은 새로운 시대정신을 증명했다. 그의 말처럼 이제는 더 이상 '광장의 주인'이 사라지지 않아야 한다. 광장에 있었던 이들이, 정책과 제도에서 당당히 존재할 수 있어야 한다.

그런 의미에서 '빛의 혁명'은 끝이 아니라 시작이다. 존엄을 지키기 위해 연대하고, 혐오를 넘어 공존을 말하고, 무너진 민주주의를 다시 세우려는 모두의 실천은 지금도 계속되고 있다. 역사의 무게는 여전히 무겁다. 그러나 우리는 이제 알고 있다. 한 사람의 손에 들린 응원봉이 어둠을 찢을 수 있다는 것을. 함께 모인 목소리가 권력을 무너뜨릴 수 있다는 것을. 그리고 무엇보다, 지금 이 자리에서 다시 시작할 수 있다는 것을.

그는 새로운 민주주의 사회를 향한 발명, 그 시작이 거창하지 않아도 된다고 말한다.

"질문을 던졌으면 좋겠어요. 왜 그렇게 생각하는가, 이게 맞는 얘기인가, 왜 그래야 하는가, 다른 방법은 없는가, 어떻게 해야 하는가."

우리가 바라는 새로운 민주주의 역시, 우리의 질문에서 시작될 것이다.

상처와 고통에서
치유와 회복으로 이어진,
시간의 기록

　유사원은 한국예술종합학교 기술지주 자회사 (주)케이아츠크리에이티브의 대표로 문화예술 기반의 프로젝트를 기획하고 실행하는 예술감독 겸 문화기획자이다. 그는 도시와 지역을 매개로 한 공동체 회복과 사회적 연대에 가치를 두고 다양한 문화행사들을 기획해 왔다.

　무대 현장에서 활동하던 그는 개인적인 계기를 통해 '창작자'에서 '판을 짜는 기획자'의 역할로 시선을 돌렸다. 스승의 권유로 2004년 광주비엔날레의 작은 축제 챕터를 맡으면서 전환이 본격화 되었다. 당시 비엔날레 야외무대에서 펼쳐지던 〈극단 제8요일폴란드〉의 '노아의 방주 ARKA'를 보고 그는 야외무대가 지닌 매력을 새삼 깨닫게 된다. 이 경험은 그에게 무대 밖 예술의 가능성을 열어주었다.

　이후 그는 무대의 경계를 벗어나는 다양한 야외형, 참여형 축제를 비롯한 문화행사들을 만들어왔다. 특히 그의 대표작이라고 할 수 있는 〈예술마을 프로젝트〉는 지역주민과 예술가들이 함께 하나의 마을 전체를 무대로 만드는 대한민국 유일의 야외형 클래식축제이다. 그는 이 프로젝트의 예술감독으로서 6년째 현장을 지키며, 매년 새로운 이야기를 더해가고 있다. 또한 5.18의 정신을 문화예술로 재창조하는 〈오월평화페스티벌〉과 서울 창동역 인근 부지를 복합문화공간으로 전환한 〈플랫폼창동61〉 프로젝트 등, 도시와 시대의 맥락을 담아낸 기획을 선보이기도 했다.

20년 넘게 현장에서 문화와 예술을 통해 메시지를 전해온 그에게 문화기획은 사람과 사람 사이의 마음을 잇는 일이다. 이러한 그의 철학은 2022년 제20대 대통령선거에서 이재명 대선후보의 마지막 유세를 연출하면서, 광화문 현장에서 분명히 드러났다. 수많은 후보곡 가운데 그는 고 노무현 대통령이 불렀던 〈상록수〉를 택했고, 그 밤 광장에는 민주공화국을 지키고자 하는 간절함이 울려 퍼졌다.

유난히 길고 추웠던 2024년 겨울, 문화기획자의 눈으로 바라본 광장은 어떤 모습이었을까?

이 이야기는 계엄과 탄핵이라는 시대의 균열 속에서 문화와 예술은 어떻게 공동체를 지켜내는 힘이 될 수 있었는지에 관한 기록이다.

철학이 사라진 문화예술 정책, 퇴행의 시간

"윤석열 정부 3년간 문화예술정책은 유의미한 진전을 보이지 않았어요. 오히려 퇴행적 양상을 보였고, 문화예술의 특성화된 전략과 지향이 부재한 상태였다고 보는게 맞을 것 같아요."

그는 윤석열 정부의 문화예술 정책을 '철학 없는 외형, 정체성 없는 나열, 그리고 성과중심의 홍보구조', 이 세 가지로 요약한다.

"'국민과 함께 하는 세계 일류 문화매력국가'는 윤석열 정부가 제시한 문화정책의 비전이었으나, 이를 정책목표–전략–사업–예산으로 체계화하여 실행한 사례는 확인하기 어렵습니다. 슬로건과 실행 사이의 괴리가 지속되고 핵심 아젠다와 성과지표가 파편화 되면서 현장은 방향성을 상실했습니다. 그 결과 비전은 상징적 표명에 머물렀고, 정책은 프로그램 수준에서 내적 정합성과 거버넌스 설계를 확보하지 못한 채 사실상 '정책 부재'

상태로 인식되었습니다."

정권 초기, 문화체육관광부의 가장 큰 이슈는 청와대 이전과 그 공간 활용 방안이었다.

"정권 초기 문화체육관광부의 정책아젠다는 청와대 이전과 해당 공간의 활용방안에 과도하게 수렴되었습니다. 이 사안의 정책적 우선성이 타당했는지에 대해서는 의문이 제기 됩니다. 그 과정에서 예술인 복지, 생활문화, 지역문화 등 핵심 의제들은 의사결정 테이블에서 사실상 후순위로 밀려났고, 공간활용 역시 목표-전략-프로그램으로 구체화된 중심개념이 부재했어요. 이러한 상황은 윤석열 정부의 문화정책이 명확한 비전-전략-거버넌스를 갖춘 체계로서 작동하지 못했음을 시사합니다. 실제로 확인가능한 정책 포트폴리오를 검토하면 다수 사업이 과거 과제의 단순 명칭변경, 또는 경미한 재가공에 그쳐, 신규성, 차별성, 내적 정합성 측면에서 '정책'이라 부르기 어려운 수준에 머물렀습니다."

이처럼 문화예술정책에 관한 철학과 개념의 부재는 곧바로 검열이나 예산 삭감 문제로 이어진다. 25년 간 지속적으로 해온 대표적인 문화예술교육 정책사업인 학교예술강사지원사업의 예산은 윤석열 정부 2년간 86%나 삭감됐다.

"상식적으로 납득하기 어려운 일이에요. 지금 전세계에 K-컬쳐 열풍을 불러 일으킨 주역들이 바로 이 혜택을 받아온 세대들입니다. 문화예술교육을 포기한다는 건 눈앞의 것만 보면 문화예술강사의 고용을 위협하는 일이고, 길게 보면 대한민국 문화예술의 미래를 포기하는 거나 마찬가지입니다. 아이들이 문화예술을 향유할 기회를 빼앗는 일이니까요."

윤석열 정부 1년 만에 문화예술계에서는 표현의 자유가 위축됐다는 말이 쉽게 오갔다. 심지어 '블랙리스트'가 다시 시작된 거 아니냐는 얘기도 있었다. 가장 논란이 됐던 사건 중 하나가 바로 '윤석열차' 풍자 만화였다. 고등학생의 작품임에도 불구하고 '엄중경고'와 입상 취소 조치가 이어졌다.

"예술가가 정치적 표현을 했다는 이유로 제재를 받는다는 건 과거 군사정권이나 박근혜 정권 시절의 판박이입니다. 정치적 풍자 그림 하나에 공공기관이 나서서 경고를 하고 입상 명단에서 제외시키는 걸, 창작 행위를 통제하겠다는 의도가 아니면 어떻게 이해할 수 있겠어요? '정권의 입맛에 맞지 않는다'는 이유로 이런 개입을 한다는 건 실질적으로 블랙리스트가 부활한 거나 다름 없습니다."

문화연대 등 문화예술·시민사회 단체들이 성명에 참여하며, 이 사

고등학생이 그린 카툰 '윤석열차'
출처: 연합뉴스

건을 '블랙리스트 재발' 사례로 규정하고 문체부의 사과를 요구하기도 했다.

예술가의 활동이 정부의 압력으로 제외된 또 다른 사례도 있었다. 2022년 행정안전부가 제 43회 부마민주항쟁 국가기념식에서 공연할 예정이던 〈늑대가 나타났다〉의 가사를 문제 삼아 가수 이랑의 출연 취소를 통보한 것이다.

"행안부가 나서서 공연 곡을 직접 검열하고 다른 곡으로 바꿔달라고 요구했습니다. 총연출을 맡았던 감독이 이런 지시를 거부했더니 아티스트와 책임자가 교체됐죠. 정치적 검열이 문화행정의 전면에 등장했다는 건, 그들이 문화예술을 관리의 대상으로 여겼다는 걸 증명하는 일입니다."

실제로 2023년 한 해 동안 문화예술계가 공식적으로 밝힌 검열 사례만 13건이 넘는다.

"그중에는 광주비엔날레 전시 후원 철회, 국회 초대전 'Goodbye in Seoul' 사전 검열 논란도 있었죠. 예술가의 표현을 공적 권력이 통제하려 했다는 점에서, 명백한 검열이에요."

그런데도 문체부는 '정치적 편향'을 이유로 어떤 입장도 밝히지 않았다. 영화진흥위원회의 차세대 미래관객 육성사업에서는 '특정 이념, 사상을 배제하라'는 조건을 내걸었다는 보도도 있었다. 윤 전대통령은 대선 당시에 '자유민주주의의 근간은 표현의 자유'라고 말한 것을 감안하면, 이 일련의 사례들은 정반대의 행보였다. 문화예술인들은 실질적으로 '자유'와 '공정'이라는 구호에 대한 깊은 회의감을 드러내고 있었다.

"문화예술의 영역에서 어떤 사상은 이야기할 수 있고 어떤 콘텐츠는 배제된다는 식의 계약 조건이 이미 차별적 선언이나 다름없습니다. 문화예술의 본질에는 관심없는 정반대되는 얘기에요."

윤석열 정부의 문화정책에서는 사람이라는 연결고리를 발견할 수 없었다. 다양한 사회 의제를 문화예술과 연결하지 못했고, 철학 없는 정책의 나열만 존재하며 문화예술인들의 문체부는 국정 홍보처로 전락했다는 비판을 받았다.

"공감이 사라진 공동체는 빈껍데기가 됩니다. 윤정부 문화예술 정책의 핵심은 바로 문화예술 길들이기를 통해서 공동체의 핵인 공감을 제거하려고 했던 거라고 봐요. 공감대가 없는 공동체는 질문하지 않거든요. 질문이 없는 사회는 통제하기 너무 쉽죠."

비상계엄, 무대를 덮치다

2024년 겨울, 윤석열 정부는 사실상 헌정질서를 뒤흔드는 비상계엄을 시도했다. 많은 이들에게 믿기 어려운 일이었지만, 그에게는 더더욱 추상적인 공포가 아니었다. 광주에서 태어난 그에게 계엄령은 뉴스로만 접하는 단어가 아니었기 때문이다.

"비상계엄이라니, 너무나 무서웠습니다. 선포된 순간부터 해제 발표 이후까지 – 아니, 그 뒤로도 한동안 '공포스럽다'는 생각이 쉽게 지워지지 않았습니다."

표현의 자유, 예술의 자유가 사라질지도 모르는 순간. 많은 이들이 그랬던 것처럼, 그도 역시 자연스레 광주의 기억을 떠올렸다. 1980년 5월의 광주. 그때 그는 네 살, 어린 아이였다.

"저한테 5.18은 엄마가 들려주신 이야기로만 남아 있어요. 제가 너무 무서워서 이불 속에만 숨어 있었대요. 그런데 중학생이 됐을 때 아파서 충장로 병원을 자주 다녔거든요. 그 무렵에도 대학생 오빠 언니들 잡으러 백골부대가 오곤 했어요. 그게 기억나요. 터미널 가면, 지하상가 가면, 늘 5·18 비디오가 나오고 있었고요. 그러니까 모를 수가 없었던 거예요. 일상이었으니까요. 먼 옛날 이야기가 아니라, 제 삶 안에 계속 있었던 일이었어요."

직접적인 장면을 기억하기에 그는 어린 나이였지만 광주는 그의 삶에 공기처럼 스며있었다. 그는 예술적 기획을 통해 5.18의 기억을 재창조 하는 일에 참여했다.

"2020년이 5·18 광주민주화운동 40주년이 되던 해였어요. 그 해에 박원순 전 서울시장이 '오월을 광주에만 가두지 말고 서울로 옮겨오자'고 제안을 했거든요. 안 할 이유가 없었어요. 서울에서 진행된 〈오월평화페스티벌〉의 예술감독으로 참여했죠."

〈오월평화페스티벌 '서울의 봄, 광주의 빛'〉은 5.18 민주화운동이 일부 지역이나 특정 인물에게만 국한된 것이 아닌 대한민국의 보편적 역사로 인식하고 그 정신을 전 세계인들과 공유하고자 했다. 5·18 희생자들의 넋을 기리고 5·18의 과거와 현재, 미래의 의미를 조명하는 〈오월음악극 사랑이여〉, 말러의 교향곡 '부활'을 우리말 서사로 풀어낸 〈오월음악회 오월에 부치는 편지〉, 5·18의 기억을 해원하는 창작무용 공연 〈십일, 맨드라미꽃처럼 붉은〉 등의 프로그램으로 5·18의 정신을 새롭게 구성하는 시도였다.

오월평화페스티벌 포스터

5월 광주의 기억을 어떻게 새롭게 구현할 것인가를 고민할 때 그는 그것이 단순히 과거를 보존하는 일이 아니라 현재와 미래를 향해 살아 움직이게 하는 작업이어야 한다고 생각했다.

"프랑스의 철학자 앙리 베르그송이 '기억은 흐름 속에서 끊임없이 재창조 된다'는 이야기를 했어요.* 과거는 고정된 박물관 속 유물이 아니라 현재와 만나면서 새로 쓰여야 한다는 그 얘기에서 힌트를 얻었던 거 같아요."

그래서 그는 〈오월평화페스티벌〉을 '현재형'으로 만들고자 했다. 기록을 재현하는 데 그치지 않고 당시의 상처와 아픔이 살아움직이기를 바랐다. 코로나 시기라 야외 행사를 할 수 있을지 불투명했고 그래서 대부분의 프로그램을 영상 콘텐츠로 제작해야 했기에 더 많은 고민을 할 수밖에 없었다.

"한강 작가의 소설을 낭독하는 장면에 무용 퍼포먼스를 결합한 〈오월 낭독회〉를 하는데 퍼포먼스에 참여하는 아티스트들에게 5.18이 어떤 시간이었고 광주가 어떤 공간이었는지를 알려주면 더 좋을거라는 생각이 든 거에요. 그 아티스트들은 5월 광주를 직접 경험하지 못한 세대잖아요. 물론 여러 매체들을 통해서 알고 있고, 프로젝트를 위해서 따로 공부를 하기도 했겠죠. 하지

---

* "Memory is not a storehouse of images; it is the continuous progress of the past which gnaws into the future and which swells as it advances.(기억은 이미지의 창고가 아니라 미래로 파고드는 과거의 지속적인 진보이며, 나아가면서 부풀어오르는 것이다.)" 앙리베르그송 [물질과 기억(Matière et Mémoire)] 중 일부 인용. 과거는 시간을 떠나 지속적으로 존재하며, 기억은 저장소에 보관된 이미지가 아니라 현재와 상호작용하며 다시 형성되는 살아있는 흐름이라는 베르그송의 핵심철학이다.

만 그것만으로는 부족하다는 생각이 들었고, 예술가들과 함께 5.18의 대표적인 사적지인 국군광주병원과 505보안 부대에서 직접 촬영을 진행했습니다. 그것만으로도 표현할 수 있는 깊이와 폭이 넓어진다는 걸 느꼈어요. 아티스트들이 현장에서 느낀 감정이 퍼포먼스에 고스란히 담겼습니다."

오월평화페스티벌 - 〈오월낭독회〉의 한 장면

〈오월평화페스티벌〉의 또 하나의 프로그램이었던 오월무용 〈십일, 맨드라미꽃처럼 붉은〉 역시 그런 맥락에서 탄생할 수 있었다.

"코로나19 때문에 관객이 없는 상황에서 공연을 해야하잖아요. 무용수들이 빈 객석을 마주하고 춤을 추는 것보다 좋은 방법은 없을까 고민했죠. 5·18 민주화운동 당시 목숨을 잃은 3천 명의 이름을 찾아서 객석에 한 사람 한 사람의 이름을 붙여두고 공연을 했습니다. 무용수들은 '그분들이 보고 계신다'는 마음으로 공연에 임했고 그 과정에서 그들도 역시 5.18의 의미에 대해서 새롭게 체감할 수 있었던 거죠."

그 결과 〈십일, 맨드라미꽃처럼 붉은〉은 추모를 넘어 그의 이야기처럼, 기억을 현재의 형태로 재창조 한, 살아있는 무대가 되었다.

당시 현장에 함께한 예술가들 중 다수는 5·18을 직접 경험하지 못한 세대였다. 하지만 그들은 그 공간을 걷고, 흔적을 보고, 몸으로 느끼는 과정을 통해 기억의 외주자가 아니라, 기억의 공동체로 편입되었다.

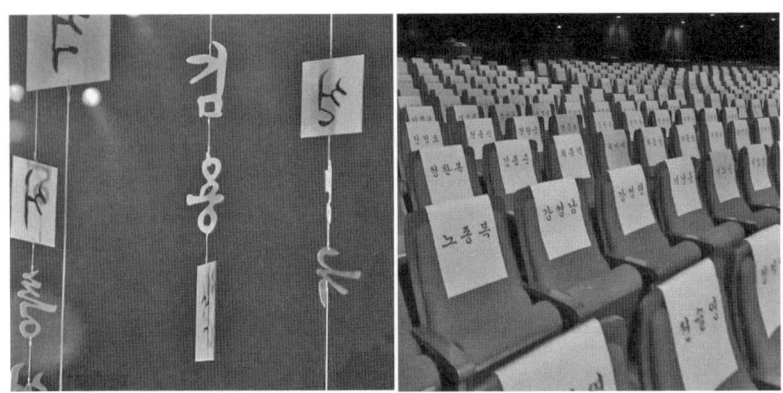

오월평화페스티벌 – 오월무용 십일, 맨드라미꽃처럼 붉은
오월무용 공연 당시 객석과 무대에 적힌 5·18 민주화 운동 희생자들의 이름

"참여했던 예술가들 대부분이 5·18을 처음 체험한 친구들이었어요. 고문실에서 춤을 추고, 공간의 무게를 안고 퍼포먼스를 이어갔죠. 문화기획자로서 이런 기억의 다리 역할을 할 수 있어서 뿌듯한 순간이기도 했어요."

이처럼 문화기획은 잊혀져가는 것들을 다시 사회로 호출해 생명을 불어넣는 일이기도 하다. 그래야만 하는 이유에 대해 그는 이렇게 설명한다.

"다음 날 학교에 갔더니 학생들이 물어보더라고요. '비상계엄이 그렇게 무서운 거에요?'라고요. 그 단어 자체를 모르는 학생들이 많았어요. 일상의 사소한 응답조차 연행 사유가 될 수 있다는 것, 예를 들어 야간에 거리에서 '왜 돌아다니냐'는 질문에 '왜 묻느냐?'고 되묻는 행위만으로도 제재가 가능해지는 체제가 바로 비상계엄이라고 알려줬어요. 그렇게 말해줘도 학생들은 잘 못 느끼더라고요. '비상계엄이란 이런 거다'라고 구체적으로 얘기해주면, 처음엔 다들 말이 안 된다고 해요. 그런데 계속해서 현실을 예로 들어가며 설명하면, 충격을 받으면서도 점점 알아가기 시작하더라고요. 역사를 이렇게 생생하게 전하는 것이 중요하다고 생각해요. 그래야 역사가 되풀이되는 걸 막을 수 있거든요. 예술이 그런 역할을 할 수 있고, 해야 한다고 믿습니다."

한때 금기이기도 했던 광주의 아픔을 예술로 자유롭게 표현해내며 과거와 현재의 가교역할을 수행해 내던 그에게, 비상계엄 시도가 만약 성공했다면 어떤 일이 일어났을까?

"아마 누군가 저한테 이렇게 말할 수도 있었을 거에요. '너, 그 5·18 행사했던 사람이지? 다시는 그런 거 하지 마.' 그럼 저는 어떻게 했을까요? 확답을 할 수는 없지만, 이것만은 확실히 말할 수 있습니다. 예술가들은 메시지를 멈추는 순간, 존재의 이유를 잃어요. 왜냐하면 예술가의 본질은 사회에 필요한 이야기를 하는 것이거든요. 그리고 저는 그런 예술가들과 함께 문화를 기획하는 사람이구요."

윤석열 전대통령의 비상계엄령 선포는 누구 한 사람 빠짐없이 모두의 일상 전체를 뒤흔드는 일이었다. 그렇기에 그가 느끼는 공포도 과장된 것이 아니었다.

"전두환 시대에는 공연을 하려면 사전 심의를 받아야 했다고 들었어요. 희곡의 대사 한 줄 한 줄마다 빨간 줄이 그어졌고, 심지어 공연 포스터까지도 검열 대상이었죠. 저는 그 세대가 아니지만 그 시절을 직접 살아낸 세대는, '검열'이라는 단어만 들어도 온몸이 긴장되기도 하더라고요."

그 시절 문화기획자와 예술가는 이중의 책임을 짊어졌다.

"전두환 시기의 민중문화운동이 떠올랐습니다. 공연장은 줄었지만 노래패가 생겨났고, 거리극이 이어졌으며, 대학가는 연극, 시, 포스터로 저항의 언어를 만들었습니다. 그때처럼, 저도 아마 그 길 어딘가에 서 있었을 겁니다. 생각만으로도 두렵지만, 어쩌면 우리는 그와 닮은 시간을 다시 맞이하고 있는지도 모른다고 느꼈습니다."

문화기획이라는 일도 언제든 정치의 경계와 만날 수 있다. 예술은 사회 바깥에 있는 것이 아니기 때문이다.

"사회의 구성원으로서, 공동체의 일원으로서, 불의에 대해 느끼는 불편함, 타인의 고통에 대한 분노, 그런 것들을 느낄 수 없고 담을 수 없다면 예술의 존재 이유도 사라지는 겁니다. 그 사실을 외면하고 어떤 일을 도모한다면 기획자라기 보다는 제작자에 가깝지 않을까요?"

비상계엄령 선포 이후의 시간은 그에게 문화기획자로서의 무력감을 느낌과 동시에, 예술의 힘을 다시 확인한 시간이었다. 예술은 기억의 언어다. 문화기획자는 기억의 형식을 만드는 사람이다. 5·18의 정신을 오늘의 언어로 다시 불러냈던 것처럼 계엄과 탄핵이라는 역사적 위기 속에서도 예술과 기획이 해야 할 역할은 바로 그런 것이어야 한다. 권력이 통제하는 사회에서 예술은 무엇이 되어야 하는가. 문화기획자인 그에게 새로운 숙제가 주어졌다.

나는 무엇을 목격했는가 – 문화예술의 사유화, 그리고 프레임에 갇힌 예술

"문화예술이 거울 속의 허상을 비춰주는 도구가 되어선 안 돼요."

이 한 문장으로 그는 예술의 정체성과 책임에 대한 자신의 생각을 드러낸다. 예술은 정치의 도구가 될 수 없다. 오히려 예술이 그 본질을 지키고자 한다면, 권력이 불편해하는 목소리까지도 담아내야 한다는 것이다. 하지만 현실은 그렇지 못할 때도 많다. 최근 한국 사회에서 예술은 '국격'이라는 말 아래 정권의 전시물로 소환되고 있었다.

"예술은 지금 '누구를 위해, 누구와 함께' 말하고 있는지 스스로 점검해야 합니다. 권력의 언어가 아니라 공동체의 숨, 특히 가장 취약한 이들의 삶과 존엄을 대변해야 합니다."

그가 수십 년간 무대에서, 골목에서, 마을에서, 그리고 광장에서 문화와 예술을 기획해온 이유는 명확하다. 예술은 공동체를 위한 것이어야 한다고 믿기 때문이다. 하지만 지난 윤석열 정부에서의 문화예술은 결코 공동체를 위해 존재하지 않았다.

2024년 봄, 조선 왕조의 제례 공간인 종묘에서 사적인 차담회가 열렸다. 이름하여 〈종묘차담〉. 차 한 잔을 마시며 국악과 전통무용을 감상하며 고즈넉하게 '한국의 미'를 향유하는 행사. 그러나 이 행사는 정식 문화행사도, 문화재청 공식 기획도 아니었다. 주최는 물론 기획의 주체는 모두 전 영부인 김건희 씨였다. 국가 주요 사적을 개인적인 목적으로 사용한 것이다.

"경복궁과 창덕궁의 문화재급 가구와 장식품들을 개인의 행사를 위해 종묘로 옮겨왔습니다. 문화재 보호를 위한 기본적인 가이드라인은 없었습니다. 조용하고 고즈넉한 공간에서 차 한 잔 마시며 예술을 즐긴다는 콘셉트 자체가 나쁜 건 아닐 수 있습니다. 그러나 이 경우는 우리의 문화유산이 개인의 품격 있는 이미지를 연출하기 위한 소품으로 전락했고, 예술은 권력자의 문화적 취향을 과시하는 장식물로 이용됐습니다."

이 사실이 언론을 통해 알려지자 국가 유산청은 '사전 협의가 충분하지 않았다'며 사실상 절차상의 문제가 있었음을 인정했다. 언뜻 보면, '차와 예술, 전통과 현대의 조화'처럼 보이는 이 행사는 권력의 이미지 미화를 위한 무대였다. 김건희의 '문화 애호가' 이미지를 강화하기 위한 이 연출은 결국 '김 씨의 일인 프로젝트'인 것이 드러났다. 공적 예산의 투입, 문화재 무단 사용, 절차 생략 등 수많은 문제가 제기됐지만, 명확하게 설명하는 사람은 없었다.

역사의식의 부재로 희대의 코미디가 된 종묘차담을 그는 '예술의 정치적 소비이자 문화유산의 사유화'라고 표현했다.

"종묘는 조선왕조의 제례공간이자 세계유산이고 시민의 공간이에요. 국가가 보존해야 하는 역사적 장소입니다. 전 구역이 다 문화재 보호구역이기에 일반 시민들에게도 음료수나 음식물 반입을 절대적으로 금지하는 공간입니다. 역사의 기억이었고, 그 자체로도 예술적 가치를 가진 국가유산에 테이블을 놓고 찻잔을 놓고 마치 개인카페처럼 사적으로 사용하면서 권력의 연출 장치로 사용한다는 건 그 누구도 상상할 수 없는 일입니다."

<궁능유적본부가 제출한 종묘 차담회 개요>

< 종묘 차담회 개요 >
- 일시 및 장소 : 2024. 9. 3.(화) / 종묘 망묘루
- 참 석 자 : 김건희 여사, 통역자, 동행인 2명 등
- 진행 경과 : (8월 30일) 문화체육비서관실의 장소 협조 요청 → (9월 2일) 종묘 사전 답사 및 장소 선정(망묘루) → (9월 3일) 차담회 개최(약 15시~16시경)
* 궁능유적본부 및 종묘 직원은 차담회에 배석 및 참여하지 않아 구체적 내용은 알 수 없음

궁능유적본부 및 종묘 직원은 차담회에 배석 및 참여하지 않아 구체적 내용은 알 수 없다

출처 : 김성회 더불어민주당 의원실

그는 차 한 잔에 담긴 권력의 욕망을 꿰뚫어 본다. 언론이 침묵하고 관련기관들이 눈감아 주었을 때 권력은 그 틈을 타 전통과 공간을 장식처럼 활용했다. 관련자들 역시 침묵함으로써 문화예술의 사유화에 동참했다.

2024년 6월, 서울국제도서전에서 벌어진 '작가 퇴출' 사건도 마찬가지다. 보도에 따르면 한 신진작가가 도서전 현장 프로그램에서 갑작스레 제외되는 일이 발생했다. 대통령실 관계자의 지시 때문이었다. 윤석열 전 대통령에 비판적인 글을 써왔다는 이유로 'VIP 방문 때 불편한 작가는 행사에 참여시키지 말라'는 사실상의 사전검열에 휘말린 것이다. 주최 측 역시 '상부의 요청이라 어쩔 수 없었다'는 말로 공공행사 운영의 자율성을 내팽개쳤다.

2023년 10월, 청와대에서 개최된 국악 공연도 예술을 사유화 한 권력의 민낯을 보여준다. 국민의 세금 8,600만 원이 들어간 이 행사의 청중은 오직 한 명, 김건희의 사적 '황제 관람'이었다. 문체부와 KTV한 국정책방송원은 급하게 '별도 청중은 없었고 VIP는 현장 방문에 불과했다'는 해명을 내놓았다. 하지만 국정감사에서 드러난 사실은 달랐다. 행사 장소 사용 절차는 무시 됐고, 실제 현장에는 대통령 부부를 VIP로 명시한 공문이 돌았다. 모든 것이 권력자 한 사람을 위해 실행된 것이다.

당시 현장 책임자들은 차례로 대통령실, 국립문화기관, 방송사 요직으로 영전했다. 권력 주변을 돕는 이들이 보상을 받는 구조를 통해 공공예술이 권력의 전유물이 되는 구조적 현실이 또 한 번 재현된 셈이다. 이는 문화예술이 민주주의의 거울이 아닌, 권력의 욕망을 비추는 개인 전시물로 전락할 위험을 극명하게 드러낸다.

▶ 국악공연 일주일 전 "여사님이 확정해야…" '황제관람' 공방 가열
_ 2024.10.24. MBC NEWS

▶ 김건희 '황제관람' 국악공연, 기획단계부터 용산과 협의?
_ 2024.10.16. 프레시안

▶ '김건희 황제관람' 무관중 공연이라더니 천만 원짜리 대형화면 설치
_ 2024.10.10. 미디어오늘

▶ [단독] 김건희 '계획된 황제관람' 정황… KTV 'VVIP 참석' 사전 공지, 의전 준비
_ 2024.10.15. 경향신문

"과거에도 예술이 정치적 연출에 활용된 사례는 있었습니다. 다만 최근처럼 사적 이미지 메이킹에 동원되는 경우는, 제가 아는 바로는 매우 드문 일이에요. 더 우려스러운 점은 일부 기획자들이 이러한 정권 협력형 기획을 성과처럼 공표하는 관행입니다. 이는 문화예술 기획자의 본래 책무에 대한 오해에서 비롯된 것으로 보입니다. 기획자는 특정 권력의 대변인이 아니라, 구조적 이유로 발화되지 못한 목소리를 공론장으로 이끌어내는 조정자이자 설계자여야 합니다."

그는 문화예술이 권력의 손에 들어가는 순간, 그 본질조차 특정한

프레임 안에 갇힌다고 말한다. 프레임에 갇혀버리면 그건 이미 예술이 아니다.

"문화예술은 민주주의의 인프라이자, 그 심장박동을 이어가는 생명력입니다. 비판과 성찰을 통해 민주주의를 지탱하며, 자유가 위축될수록 그 존재는 더욱 절실해집니다. 억압의 그림자가 짙어질 때, 화려한 대형 무대들은 하나둘 사라져갈 것입니다. 그러나 바로 그 순간, 골목길 작은 공간에서 울려 퍼지는 예술가들의 목소리는 더욱 소중해집니다. 서로 다른 결과 다른 언어로 말하지만, 모두 같은 간절함을 품고 있기 때문입니다. 이때 문화기획자는 보이지 않는 실이 되어야 합니다. 음악의 선율과 미술의 색채를, 문학의 언어와 무용의 몸짓을 하나로 엮어내어 흩어진 목소리들을 거대한 합창으로 만들어내는 사람 말입니다. 결국 문화예술은 민주주의의 숨입니다. 멈추면 죽고, 이어가면 살아나는."

예술은 늘 시대의 거울이자 저항의 언어였다. 권력의 폭주 앞에서도 진실을 드러내는 방식이었고 동시에 사람들을 연결시키는 도구였다. 그렇게 실을 연결하고 서로가 가진 메시지를 확장시키고 서로 다른 장르들을 이어주며 결국 권력을 감시하고 비판하는 예술의 본질을 되살려 내는 것, 그것이 바로 그가 믿는 예술의 힘이었다.

2024년 비상계엄 시도 이후 그는 문화기획자로서 자신의 역할에

대해 다시 한 번 생각해 보았다. '만약 내가 하고 있는 일이 정치의 도구로 쓰인다면?'

"그 사람들이 저한테 그랬겠죠. 문화로 사람들을 계몽시켜라, 문화로 사람들을 안정시켜라, 너는 기획자니까 문화라는 이름으로 포장해라."

종묘 차담 사건을 비롯해 권력의 미화 수단이 됐던 무대들, 국격이라는 명분으로 문화와 예술을 정치에 소비했던 수많은 장면들이 스쳐 지나갔다.

"상상하고 싶지 않은 일이지만요, 만약 계엄이 그대로 이어졌다면 저는 분명 어딘가 구석진 곳에서 '은밀한 문화 레지스탕스'를 조직했을 거예요. 마음이 맞는 예술가들, 음악가들과 함께 말이죠. '오늘은 베토벤 9번 합창으로 저항하고, 내일은 시 낭송으로 마음을 모아보자' 이런 식으로요. 그러면서 우리는 또 나름대로 즐겁게 지냈을 것 같아요. '오늘도 우리가 해냈네!' 하면서 서로 어깨를 토닥이며 뿌듯해했을 거구요. 물론 이 모든 상상은 '전두환 시대처럼 새벽에 끌려가지는 않을 거야'라는 다소 낙관적인 전제 하에서 해본 얘기입니다만…"

2024년 비상계엄령 시도라는 초유의 사태를 겪으며, 그는 문화예술이 어떻게 서야 하는지를 더욱 절실하게 고민한다. 예술이 누군가의 아픔을 외면하거나 침묵할 때, 그 것은 더 이상 본연의 역할을 해낼 수 없을 것이다.

"예술의 본질은 표현입니다. 진정한 예술적 표현은 사람들의 마음에 깊은 공감을 불러일으키고, 이러한 공감들이 하나로 모여들 때 아름다운 연대가 탄생합니다. 저는 이 연대야말로 진정한 문화의 모습이라고 생각합니다. 사람들이 문화를 온전히 향유하며 내면이 풍요로워지고 삶이 행복해질 때, 그 기쁨은 개인을 넘어 공동체 전체의 행복으로 확산됩니다. 이것이 바로 건강한 국가가 만들어지는 과정이 아닐까요? 반면 사회에 불공정과 불균형이 만연하고, 조화와 배려가 사라진다면 그 공동체는 병들어갑니다. 결국 국민들이 문화예술을 얼마나 깊이 향유하느냐는 단순한 여가 활동의 척도가 아닙니다. 그 사회가 얼마나 성숙하고 행복한지를 가늠하는 가장 선명한 지표라고 믿습니다."

하지만 민주주의가 무너지면 이런 일상은 불가능하다. 사람들이 애써 일군 삶의 기반을 잃게 될 것이고 일상의 영위가 어려워질 때 예술과 문화 활동은 가장 먼저 위축된다. 사람들의 삶에서 문화예술이 사라진다면 그의 말처럼 사회 전체는 병들 수밖에 없다. 그래서 그는 끝까지 싸우는 마지막 수단으로써의 문화예술의 힘을 굳게 믿는다. 시대의 균열을 비추는 거울이자 저항의 언어로써, 사회의 아픔을 보듬는 도구로써, 억압이 거세질수록 예술은 더욱 작고 유연한 형태로 흩어져 살아남아야 할 것이다.

예술과 민주주의, 축제와 광장

"저는 예술이야말로 민주주의를 담아내는 거울같다고 생각해요. 아름다운 빛과 함께 작은 상처들까지도 자연스럽게 보여주죠."

그는 문화예술의 여러 가지 역할 중에는 시민의 정치적 감각을 되살리는 중요한 사회적 장치로서의 역할도 있다고 믿는다. 그래서 예술은 민주주의의 표현 수단이고, 그 자체로 민주주의를 실현하는 방식이라는 것이다. 그의 말에 의하면, 예술이 민주주의를 담을 때, 예술은 무대에 머물지 않고 늘 밖으로 나왔다. 그 바깥을 우리는 '광장'이라고 부른다. 그는 광장과 축제를 굳이 구분하지 않는다.

"사람들은 축제와 광장을 서로 떨어진 것으로 보지만, 두 공간은 공통분모가 큽니다. 예술마을 프로젝트의 〈계촌클래식축제〉만 봐도 알 수 있습니다. 자연 속 계촌마을에서 열리는 클래식 공연은 특정 계층의 전유물이 아닙니다. 평창 주민들이 아이 손을 잡고 찾아오고, 평소 바빠 공연장을 찾지 못하던 분들도 일부러 시간을 내 자연과 음악을 함께 누립니다. 그 자리에는 '엄마가 너를 사랑한다'는 일상의 언어에서부터 각자의 경험과 바람까지, 다양한 메시지가 자유롭게 모입니다. 저는 이 모임 자체가 하나의 민주주의라고 생각합니다. 서로의 메시지가 모여드는 광장의 원리가 축제에서도 그대로 작동하기 때문입니다."

〈계촌클래식축제〉는 강원도 평창군 계촌마을의 산과 마을 그 자체인 자연을 무대로 한 클래식음악 축제. 그는 이 축제의 예술 감독으로 6년째 함께하고 있다. 그가 참여한 〈계촌클래식축제〉에서, 회색 콘크리트 도시를 떠난 음악은 콘서트홀이 아닌 숲속 오솔길과 계곡, 마을회관 사이를 흐른다. 양손에 도시락과 피크닉 매트를 든 사람들, 아이의 손을 잡은 부모들이 나무 그늘 아래 자리를 잡고 앉는다. 이곳에 온 사람들에게 클래식은 어렵고 먼 것이 아니라, 삶에서 얼마든지 즐길 수 있는 향유의 대상이 된다.

광장은 늘 저항의 공간 이었지만, 동시에 축제의 공간이기도 했다. 2016년 촛불집회, 2023년 윤석열 전 대통령의 탄핵 집회까지 우리의 광장은 늘 시민의 목소리로 노래와 퍼포먼스가 울려 퍼졌다. 사람들은 끓어오르는 분노 속에서도 음악을 틀고, 서로의 목소리를 맞췄다. 그는 광장에서 빛의 응원봉을 들고 탄핵을 외치던 사람들을 '예술적인 군중'이라고 말한다.

"응원봉 하나만으로도 장면은 충분히 예술적이었습니다. 사람들은 대립과 충돌 대신 빛을 선택했고, 군중은 폭력이 아니라 공감과 연대로 움직였습니다. 그 선택만으로도 메시지는 또렷했습니다. 이 자체로 예술이 아니라고 누가 말할 수 있겠어요?"

2024년 겨울 한국 사회의 광장은 정치적 외침의 공간, 그 이상이었다. 그는 광장의 군중들의 외침이 사회적 예술의 한 장면이었다고 말한다. 무대도 없고 지휘자도 없었지만 사람들은 스스로 각자의 빛을 손에 들고, 하나의 목소리를 냈다.

2024년 겨울, 광화문을 뒤덮은 빛의 응원봉들

"무대를 세우지 않아도 공연을 할 수는 있습니다. 그런 의미에서 광장은 그 자체로 모두를 위한 무대였고, 군중들은 그 자체로 예술가가 된 거였어요. 이게 바로 참여민주주의라는 생각을 했습니다. 무력을 전혀 사용하지 않고, 피 한방울 흘린 사람 없이 우리의 메시지를 전했잖아요. 이 자체가 한국적 군중문화고 예술적인 장면이었던 거고, 그 나름대로 축제의 언어였다고 생각해요."

누군가를 대신하거나 지시에 따라 표현하는 게 아닌, 모두가 각자의 방식으로 참여하는 민주주의. 그에게 있어 이것은 문화기획의 가장 본질적인 태도이자 출발점이었다.

"사실 광장은 통제할 수 없는 곳이잖아요. 문화기획자는 조율을 하는 역할이거든요. 사람들이 스스로 참여할 수 있도록, 누구도 배제되지 않도록, 각자의 역할을 충분히 해낼 수 있도록 그 흐름을 만들어주는 역할이요."

어떤 입장을 강요하는 것이 아닌, 누구나 자신만의 표현 방식으로 참여할 수 있도록 돕는 일. 지난 겨울, 우리는 모두 기획자였고, 광장은 우리 모두가 함께 만들어낸 집회 문화의 새로운 기획이었다.

문화예술, 상처를 품다

앞서 말했듯 그는 계촌클래식축제의 예술 감독으로 오랫동안 축제를 만들어왔다. 그가 만드는 무대는 조명과 음향의 기술로만 채워지는 곳이 아니다. 도심을 벗어나 강원도 평창의 작은 마을에 들어선 사람들에게 자연과 음악, 그리고 서로를 만나는 자리를 만드는 일. 그 축제의 하이라이트는 언제나 앙코르 무대였다.

"이 축제를 설계할 때 제가 붙드는 원칙은 하나입니다. 관객이 격식에 매이지 않은 편안함을 느끼도록 하는 일입니다. 그래서 앙코르 무대만큼은 제가 먼저 제안합니다. 앙코르는 예술가의 몫이면서도 연주자의 마지막 인사이며, 축제의 정서를 완성하는 순간이기 때문입니다. 매년 라인업과 세트리스트를 정할 때 저는 부탁드립니다. '관객과 가장 넓게 공명하면서, 동시에 아티스트인 당신에게도 지금 이 순간과 공명하는 곡을 앙코르로 들려주세요'라고요."

2022년 계촌마을에서 열린 계촌클래식 축제

2022년 〈계촌 클래식 축제〉에서 연주하는 임윤찬

2022년 계촌클래식 축제 현장에서 피아니스트 임윤찬은 그의 제안에 응답했다. 무대 위에서 누구나 쉽게 접하는 클래식인 베토벤의 〈엘리제를 위하여〉를 연주한 것이다. 2024년 축제에 초대된 조성진과 김선욱 역시 피아노 앞에 나란히 앉아 브람스의 〈헝가리 무곡 5번〉을 연탄으로 연주했다. 그 순간, 평창의 여름밤은 그 자체로 특별해졌다.

"그 무대는 일반적인 클래식 공연장이 아니라 계촌마을의 산자락입니다. 아이들이 웃으며 뛰어 노는 자연스러운 마당이고, 마을 사람들이 지나가다 잠시 앉아 음악에 귀 기울이는 곳이지요. 아이의 손을 잡고 온 부모님들이 익숙한 선율을 들으며 미소 짓는 순간, 음악은 더 이상 예술이 아니라 그분들 삶의 일부가 됩니다. 관객 중에는 두 시간 동안 연주되는 곡들을 잘 모르시는 분들도 많습니다. 하지만 마지막 앙코르에서 '내가 아는 클래식'이 연주된단 말이죠. 이 음악을 듣고 간 사람들에게 이 축제는 그 자체로 사랑스러운 기억으로 남아요. 그 한순간의 기억만으로도 평창 계촌마을에 또 오고 싶어지는 거 아닐까요?"

한 곡의 앙코르만으로 클래식은 다가가기 어려운 음악이 아니라, 한 사람이 다른 사람에게 '당신을 위해 연주합니다'라고 건네는 다정한 말이 되는 것이다.

계촌클래식축제가 열리는 평창군 계촌마을은 문화도시도 아니고, 관광지로 유명한 곳도 아니다. 그러나 지금 이 작은 마을은 예술이 살아 있는 공간으로 변모했다.

"지역을 살리는 건 결국 콘텐츠라고 생각해요. 단순한 시각적 조형물이나 외형적 문화시설이 아니라, 그 공간에서 사람들이 예술적 경험을 통해 정서적 공감대를 형성할 수 있는 프로그램 말입니다. 바로 그 프로그램이야말로 진정한 콘텐츠이며, 지속 가능한 지역 발전의 동력이라고 할 수 있습니다."

그는 문화체육관광부가 추진했던 문화도시 사업이 종료된 이후, 다시 작은 마을 단위의 예술에 주목하기 시작했다. 관광 중심의 일회성 이벤트가 아니라, 지속가능하고 일상에 스며드는 예술의 가능성을 실험하는 것이다.

"지역소멸을 관광으로 일거에 해결하려는 단기 전략은 실패 위험이 큽니다. 멜론으로 잘 알려진 일본 유바리시는 관광도시 전환을 목표로 대규모 테마파크 중심의 '시설 먼저' 전략을 택했지만, 그 안을 채울 이야기와 상시 프로그램, 안정적 운영모델이 부재해 성과를 내지 못했습니다. 지역을 살리는 것은 건물이 아니라, 사람들이 반복해서 찾게 만드는 콘텐츠입니다."

일본 홋카이도의 유바리시는 한때 석탄산업으로 번성했으나 지역경제를 지탱하던 광업이 급속하게 쇠퇴 한 이후 관광도시로의 변신을 시도했다. '유바리 멜론'을 브랜드화 하고 영화제와 테마파크 등을 조성했지만 결국 실패해 2007년 파산을 선언했다.

유바리시는 파산 후에도 10년 이상 긴축재정을 이어갔지만 결국 유지비에 대한 부담과 채무가 눈덩이처럼 불어나면서 도시 재정이 붕

1980년대에 지어진 유바리 테마파크

괴했다. 지금까지도 인구 감소와 고령화라는 구조적 위기에서 벗어나지 못하고 있다.

하지만 계촌은 다르다. 이곳에는 매년 클래식이 흐르고, 아이들은 음악회를 보며 자란다. 주민들이 관객이 되고, 마을이 공연장이 된다. 뿐만 아니라 이 축제는 일회성이 아니라, 점차 지역의 정체성이 되고 있다. 2024년, 계촌마을은 국토교통부의 민간협력 지역상생사업에 채택되었다. 계촌이라는 작은 마을이 지역을 살리는 하나의 모델이 될 수 있음을 보여준 사건이었다.

"예술이 마을에 스며들면서 마을은 새로운 생명력을 얻었습니다. 그리고 그 예술은 마을 고유의 이야기이자 정체성이 되었습니다. 몇 해를 이어오며 체감한 것은, 소멸의 위기 역시 사람과 사람을 다시 잇는 '이야기 중심의 예술'로 완화될 수 있다는 점입니다. 거창한 시설보다 지속 가능한 프로그램, 일회성 이벤트보다 주민 참여와 재방문이 쌓일 때, 마을은 다시 숨을 쉽니다."

계촌마을에서의 경험은 그에게 확신을 심어주었다. 마을을 살리는 힘은 외부에서 들어온 대규모 자본이나 일시적인 유행이 아니라 그 지역이 이미 품고 있는 문화와 사람들의 이야기를 길어 올리는 데에 있다는 것이다. 시간이 쌓이며 축제는 마을의 정체성이 되고, 주민 스스로가 그 변화를 체감하고 주체가 될 때 비로소 지속가능성이 생긴다. 그는 이러한 방식이 새로운 사회적 흐름으로도 확장될 수 있다고 보았다.

그는 지금 이 순간 우리에게 치유의 기획이 필요하다고 생각했다. 그는 문화기획자로써 할 수 있는 또 하나의 역할에 대해 고민 중이다. 바로 상처를 품는 일이다. 그는 사회적 트라우마를 예술로 회복할 수 있는 방식에 대해 오랫동안 고민해왔다.

"코로나19 팬데믹 이후 유네스코가 제시한 '레질리아트 운동 ResiliArt Movement'은 예술의 사회적 기능을 재정의하는 중요한 개념적 전환을 보여줍니다. 이 운동은 예술이 단순한 정서적 위안을 제공하는 수준을 넘어서, 개인과 공동체가 일상으로 복귀할 수 있는 구체적 회복력 resilience 을 생성한다는 이론적 토대를 제공합니다. 여기서 주목할 점은 예술의 치유적 기능이 개인적 차원의 심리적 안정에 그치지 않고, 사회적 트라우마로 인해 손상된 인간성과 공동체 정신을 재구성하는 능동적 역할을 수행한다는 것입니다. 이는 예술을 소비의 대상이 아닌 사회적 복원력의 핵심 동력으로 인식하는 패러다임 전환을 의미한다고 볼 수 있습니다."

팬데믹은 우리 사회에 그 어떤 위기보다 깊은 단절을 남겼다. 팬데믹 이후 사람들은 타인을 경계하고 관계를 회피하며 공동체에서 멀어지는 삶에 익숙해졌다. 그러나 예술은 레질리아트 운동과 같은 노력을 통해 스스로 불신과 단절을 딛고 다시 사람들을 연결하는 실마리가 되었다. 이처럼 사회가 고통을 겪을 때, 예술은 그 아픔을 외면하지 않고 함께 감당할 수 있는 몇 안되는 방식 중의 하나라고 그는 믿는다.

"세월호와 이태원 참사를 겪을 때 우리 사회가 유가족의 상처를 제도 안에서 충분히 품지 못했다는 아쉬움이 남습니다. 유가족 분들이 지금도 모여 서로 이야기를 나누는 이유도, 그마저도 하지 않으면 목소리를 낼 공간이 부족하기 때문일 것입니다. 그러나 이는 개인의 문제로 환원될 사안이 아니라, 사회 전체가 함께 책임지고 안아야 할 몫입니다. 만약 이러한 아픔을 계속해서 '특정 사람들만의 이야기'로 한정짓는다면, 그분들은 사회로부터 철저히 고립되었다고 느끼실 수밖에 없을 거에요."

이번 탄핵 정국 역시 우리 모두가 목격한 시간이었다. 헌법재판소가 윤석열 전 대통령을 파면하기까지 123일이라는 시간동안 우리 사회는 분노와 불안으로 깊은 상처를 입었다. 그렇기 때문에 사회 전반의 아픔을 제도는 물론 문화와 예술이 품을 필요가 있다는 것이다.

그는 뉴욕의 사례를 들었다. 9·11 이후 뉴욕 주는 공공 치유 프로그램 '프로젝트 리버티Project Liberty'를 가동했다. 뉴욕 주 정신건강청이 주관하고 연방재난관리청FEMA이 재정을 뒷받침했으며, 수만 명의 시민에게 무료 공공교육과 위기상담을 제공했다. 그곳에서 사람들은 트라우마를 품은 이야기를 예술로 풀어내고, 서로의 고통을 조심스레 나누며, 다시 일상으로 걸어 들어갈 힘을 찾았다.

"예술은 자신의 이야기를 풀어낼 수 있는 안전한 공간을 만듭니다. 즉 예술은 개인의 서사를 조용히 환기시키는 매개가 되는 것이죠. 아픔을 거듭 말로 설명하지 않더라도, 비슷한 상처를 품은 음악, 무용, 낭독을 마주할 때 '나만의 일이 아니었구나'를 깨닫게 됩니다."

더 나아가, 사회적 소외나 정신적 고립에 빠진 이들, 소위 반사회적 성향을 지닌 이들에게도 예술이 치유의 열쇠가 될 수 있다고 믿는다.

"물론 그분들께는 약물치료 등 의학적 지원이 필요할 수 있겠지만, 예술은 다른 차원의 메시지를 건넵니다. '당신은 이 사회에서 배제된 존재가 아니다'라고 말이죠. 예술은 아주 작지만 강한 방식으로 사회를 다시 꿰매는 힘을 가집니다."

그의 마음이 치유와 회복의 기획으로 향하는 이유이다. 문화기획자로서의 사명이나 거창한 책임감에서 비롯된 생각은 아니다. 비상계엄이라는 집단 트라우마를 겪으며 상처받은 개인이, 병든 사회가 자신들의 고통과 상처, 아픔을 안전하게 꺼낼 수 있는 장소를 만들어주고 싶을 뿐이다. 마을의 공연장에서, 광장에서, 문화와 예술을 통해 기억을 기억하게 하고, 함께 발화함으로써 그 힘으로 사람들을 다시 일으켜 주기를 바라는 마음이다.

2024년 겨울, 사람들은 다시 광장으로 뛰쳐나왔다. 깃발을 들고 노래를 부르고 춤을 추었다. 다시 한 번 말하지만 광장에서 우리가 본 것은 그 자체로 예술이고 축제였다. 서로가 서로에게 건네는 위로였다. 광장의 반대편에서 좌파와 우파가 각자의 목소리로 서로의 이야기를 했지만 그들이 마주치는 자리에는 이념보다 인간애가 먼저 자리 잡았다.

"광화문 한편에서는 '윤석열 탄핵'을, 맞은편에서는 '탄핵 반대'를 외쳤지만 충돌은 없었습니다. 서로를 밀어내지 않고 공간을 배려한 평화로운 집회 문화가 자리했지요. 많은 시민이 커피와 음료를 선결제했는데, 그 음료가 누구에게 건네질지는 중요하지 않았습니다. 정치적 입장이 달라도 '그 자리에 있는 서로'를 생각하는 마음이 모여 더 성숙한 민주주의를 만들어 간다고 믿습니다. 저도 그 소식을 듣고 커피 선결제에 동참했고, 예전 문화행사에 남은 담요를 가져가 나누었습니다."

탄핵집회 당시의 선결제 매장 지도
출처: 앱 홈페이지 캡처

커피 한 잔에 담긴 마음, 그 작은 연결들이 모여 연대가 되었다. 그렇게 자발적으로 생성된 축제에 문화기획자로서 할 수 있는 최소한의 일을 했던 그가 절대적으로 믿는 것이 바로 그 힘이다.

"톨스토이는 『예술이란 무엇인가』에서 예술을 '예술가가 표현한 감정을 타인에게 감응시키는 수단'으로 규정하고, 그 감정이 공동으로 공유될 때 작품이 비로소 완결된다고 보았습니다. 이는 단순한 미적 경험을 넘어 감정의 공유와 소통을 통한 인간적 연결을 의미합니다. 이 관점에서 예술은 타인의 고통을 공감 가능하게 만들고, 개인의 정서를 상호 연결하여 사회적 유대를 산출하는 매개입니다. 저는 바로 이 공감의 축적이 연대로 전화한다고 믿습니다."

모두가 함께 공감하고, 무해하게 존재할 수 있는 사회. 그는 예술이 그걸 가능하게 한다는 것 역시 그의 변치 않는 신념이다.

"진정으로 건강한 사회는 구성원들이 타인으로부터의 위해를 우려하지 않고 안전하게 공존할 수 있는 사회입니다. 예술은 이러한 비폭력적 공존의 규범을 체험하게 하는 '무해함의 공간'^{하위징아의 '마법의 원', 위니컷의 '잠재 공간'이 가리키는 바와 유사}을 조성합니다. 무해함의 공간을 열어, 폭력 아닌 공감과 연대로 메시지가 이동하도록 하는 것이지요. 축제와 같은 장에서는 개인의 차이와 다양성이

갈등의 원인이 아닌 풍부함의 근원이 되며, 예술적 경험을 통한 공감적 소통이 사회적 신뢰를 구축하는 기제로 작동하며, 그 경험이 공적 삶의 규범으로 확장됩니다. 이것이 예술이 사회에 수행하는 고유한 역할입니다."

말로 설명하지 않아도 마음을 나누고, 편을 가르지 않고 서로를 배려하는 연대의 힘. 예술이 가진 본질적인 힘을 잃지 않도록 그는 계속 질문하며 기획할 것이다. 문화기획자로 인생의 방향을 전환하기 전, 그는 예술을 전공하며 무대 위에서 꿈을 키우던 학생이었다.

"대학교 4학년 때 모스크바로 공연을 갔어요. 아마 그때 그곳에 가지 않았다면 계속 무대 위에 서 있었을지도 모르죠."

말하자면 인생의 변곡점이었다. 타지의 낯선 무대에서 자신을 객관적으로 마주하게 되었고, 그 경험은 스스로의 한계와 가능성을 냉정히 성찰할 수 있는 전환의 시간이 되어주었다.

"더 넓은 무대에서 보니 제 실력이 한참 부족하다는 걸 깨달았어요. 그래서 선생님께 질문했습니다. '선생님, 재능이 먼저인가요? 노력이 먼저인가요?'"

그때 선생님이 건넨 말이 그에게 오래도록 남았다.

"'성실하지 않은 재능은 의미가 없다'고 하셨습니다. 아리스토텔레스가 말한 '잠재태^{potentia}'가 '현실태^{actus}'로 전환되려면 지속적인 실현 과정이 필요하듯, 예술에서도 재능은 끊임없는 수행을 통해서만 완성된다는 뜻이었습니다."

현장에서 오래 버틴 사람만이 할 수 있는 조언이었다. 동시에 타고난 감각이나 순간의 집중만으로는 오랫동안 살아남을 수 없다는 걸 알게 해 준, 가장 현실적인 조언이었다. 고개를 끄덕이며 그는 묵묵히 쌓이는 시간 속에서 비로소 사람의 마음에 닿는 힘이 생겨난다는 것을 깨달았다. 그 힘의 본질은 결국 사람을 향한 공감이었다. 그리고 그 깨달음은 지금 그가 하고 있는 일의 태도가 되었다.

최근에 그는 〈계촌클래식축제〉를 통해 많은 관심을 받기도 했다. 사람들은 종종 그에게 〈계촌마을〉의 성공 비결이 무엇인지 묻는다.

"저는 그럴 때마다 이렇게 대답합니다. 마케팅보다는 브랜딩에 집중한다고요. 마케팅이 단기적 주목과 거래를 만드는 전술이라면, 브랜딩은 지역의 가치체계-정체성-서사를 설계하고 모든 접점에서 일관되게 구현해 신뢰와 평판, 재방문 의지를 축적하는 전략입니다. 저는 계촌의 고유 가치를 발굴해 이야기의 구조로 정리하고, 그것을 음악-공간-동선-언어-시각 요소로 경험화 하여 관객이 '자신의 이야기'처럼 받아들이게 만드는 데 집중합니다. 문화기획은 결국 마음의 설득이며, 설득의 전제는 진정성입니다.

주민과 관객을 설득하려면 먼저 기획자인 제가 그 지역의 가치에 스스로 설득되어야 합니다. 그 확신이 축제의 모든 결정에 일관성을 부여하고, 그 일관성이 곧 지역브랜딩의 힘이 됩니다."

하나의 프로그램을 잘 만들어내는 것이나 지역의 핵심 가치를 발굴해 내는 것보다 더욱 중요한 것은 사람에게 진심으로 공감하는 일이라는 것을 그는 누구보다 잘 알고 있었다.

2022년 그는 더불어민주당 제20대 대통령선거 선거대책위원회 후보비서실의 일정팀에서 이재명 당시 대선후보의 유세 일정을 돕는 일을 했다. 마지막 유세현장이었던 광화문 유세를 기획할 때 국민들과 합창할 노래로 〈임을 위한 행진곡〉 등 여러 곡이 후보에 올랐다. 그때

2022년. 3월 8일. 제20대 대선 마지막 유세 장소인 청계광장에서
출처: 조선일보

그는 고 노무현 대통령이 기타를 치면서 불렀던 〈상록수〉를 제안한다. 두 사람의 마음이, 그리고 광장을 찾은 우리 국민들의 마음이 자신과 같은 마음일 것이라는 생각이 들었기 때문이다. 역시 '공감'이었다.

마음의 결을 먼저 읽고 진심으로 공감의 말을 건넬 줄 아는 사람이 걷는 길은 화려하지 않아도 오래 남는다. 그리고 가는 길마다 사람들이 숨 쉴 공간이 되어준다. 문화예술이라는 따뜻한 형태로서 말이다.

공공재정의 영업비밀을 드러낸, 시간의 기록

송윤정은 연구원이다. 중앙 및 지방정부의 재정 운영을 감시하고 대안을 제시하는 재정 연구기관 나라살림연구소에서 정부 부처와 지방자치단체의 재정을 점검하고 사업을 분석하여 정책의 허점과 불균형을 짚어내고, 그 결과를 시민들이 이해하고 감시할 수 있도록 보고서의 형태로 발간한다. 또한 지방정부의 예산담당자나 지방의원들, 일반 시민들을 대상으로 예산 작성의 원리와 재정체계, 정책과의 연계성을 설명하는 다양한 교육을 실시하기도 한다. 연구 결과들은 보고서나 다양한 플랫폼을 통해 지속적으로 시민들과 공유한다. 공공예산의 감시와 평가를 통해 사회적 투명성은 높이고 불평등을 줄일 수 있다고 믿기 때문이다.

대학 졸업 후 그는 우연한 기회에 시민사회의 애드보커시 단체에 합류한다. 정책 논의 테이블과 캠페인 현장을 오가며 그는 인간애와 연대가 공동체를 지탱하는 힘이라는 사실을 배운다. 동시에 법과 제도가 공동체의 기본적인 선을 유지하는 근본적 장치라는 확신을 가지게 된다. 2017년 박근혜 정부의 문화예술인에 대한 검열과 배제에 대한 기록을 남기는 활동에 참여하던 그는 2017년 문재인 정부의 블랙리스트 진상조사 및 제도개선위원회에 참여한다. 문화예술인들의 자유와 권리를 국가가 어떻게 침해했는지를 드러내고 기록하는 일은 '공공성 회복'이라는 큰 과제를 마주하는 일이기도 했다.

그는 각종 통계 자료와 정부 지침, 회의록의 언어와 숫자들 속에서 사람을 본다. 예산서 안에 숨은 불평등을 읽고, 소외된 사람들의 그림자를 쫓는다.

"예산에는 의도가 있어요. 어디에 쓰는지를 보면, 누구를 지우고 싶은지도 보이거든요."

지난 윤석열 정부의 재정은 '국가의 자원이 무엇을 위하여 쓰이는가'라는 질문에 대해 회의를 불러일으키기에 충분했다. 서민의 삶을 지탱하는 예산 삭감, 기득권만을 위한 감세. 계엄과 탄핵, 그 균열의 시간에는 공공의 자원을 자신들의 손에 넣기 위해 갖은 애를 쓰던 권력이 있었다. 해독이 필요한 숫자로 포장하거나 숫자로 거짓말을 하는 권력. 이 이야기는 숫자를 감시하는 연구자의 시선으로 계엄과 탄핵이라는 시대의 균열 속 권력의 패악을 들여다본다. 그리하여 함께 꿈꾸어 현실이 되는 세상을 만들기 위해 우리가 무엇을 보아야 하는지에 관한 기록이다.

공공재정, 디테일 속에 숨어 있는 악마

그는 한때 '공공은 투명하다'는 전제를 믿었다. 국가재정법은 국가와 지방자치단체의 재정에 관한 중요한 사항을 알기 쉽고 투명하게 공표하여야 한다고 정하고 있고, 이에 따라 예결산 정보는 공시되어 있으며, 그 외의 재정정보도 정보공개청구를 하면 누구나 볼 수 있다고 법과 제도가 보장하기 때문이다. 하지만 직관적 이해를 방해하는 재정정보 자료들과 가공이 어려운 형태로 제공되는 파일들, 활용이 불가능할 정도로 빈발하는 오류들을 보며 의구심이 들었다.

'나라살림 옴부즈만'이라는 칼럼을 처음 연재하게 된 건, 공공 데이터에 접근하는 과정에서 반복되는 좌절과 무력감 때문이었다. 재정 데이터를 수집하고 검증하는 과정에서 그는 매번 같은 벽에 부딪혔다. PDF 문서 속에 갇힌 수치들, 단위가 생략된 금액들, 분명 존재함에도 읽을 수 없는 회계 문장들. 매번 반복해 돌아오는 '없는 정보'를 보며 느낀, 가짜 투명성에 대한 분노였다.

데이터 오류나 누락으로 인하여 수차례 보고서를 엎는 일이 반복되던 차, 행정안전부가 공시한 '대규모 투자사업 진행 상황' 자료에서 또다시 명백한 오류가 발생했다. '대구권 광역철도 건설' 사업의 '투자심사 의뢰 시 총사업비'가 1조 2000억 원, '사업추진 시 총사업비'는 151조 원으로 기록돼 있었다.* 2021년 전국 243개 지방자치단체 본예산 총계는 400조 원 남짓, 단일 지방자치단체에서 할 수 있는 수준의 사업이 아니었다. 각각 본래 데이터의 10배, 1000배가 되어 있었던 것이다. 행정안전부는 단순한 오타라고 설명했지만, 그에겐 왜곡의 신호였다.

■행안부 공공데이터의 황당한 오류
['대구권 광역철도 건설' 사업비 보니…]

구분	수정 전	수정 후
투자심사 시 사업비	1조1970억원	1197억원
사업추진 시 사업비	151조4670억원	1514억6700만원

〈더스쿠프〉 기사 인용

---

* 〈더스쿠프〉 2021. 5.17 [1515억원→151조원, 예산 1000배 잘못 써 놓고 '나 몰라라'] 송윤정 연구원, 김정덕 기자

"실수로 '0' 한 개 더 붙은, 이런 걸 지적하는 게 너무 사소한 트집은 아닐까 하는 생각도 들었습니다. 그런데 행정기관에 전화해서 얘기해봐도 변화는 없고 이런 일이 반복되니까 그냥 넘기면 안 된다는 생각이 들더라고요. 재정정보 공개의 의의 자체가 무색해지고, 결국엔 재정민주주의를 해치는 일이거든요. 국익에 영향을 미치는 문제이기도 하고요. 데이터의 투명성이 높아지면 투명성이 개선된 지 1년 후에 신흥시장 국채의 스프레드가 15% 줄었다는 국제통화기금^{IMF}의 연구 결과가 있어요."

전화로 이 문제를 지적하자 행정안전부 담당자는 심드렁하게 자료를 수정하겠다고 했다. 자료 오류를 지적하면 확인해보겠다고 하고는 별다른 조치를 취하지 않는 적도 많았다. 그는 이런 오류를 보고서로 작성해서 배포하기 시작했고, 언론이 이를 받아 보도하자 그제야 정부는 개선하겠다는 입장을 밝히곤 했다. 이 사례는 단순 실수라 치더라도, 많은 경우 숫자를 감추는 자들에게는 의도가 있다. 그리고 그 의도는 종종 권력의 무책임과 만나 '은폐' 된다.

"한 해 지방재정 규모가 500조 원이 넘는데, 정작 그 돈이 어떻게 굴러가고 이자가 얼마나 발생하는지에 대한 정보는 없어요. 전국 지방자치단체 재무제표를 분석해보니 금고 출납이 폐쇄된 12월 31일 기준 현금성 자산과 단기금융상품에 예치된 잔액이 약 111조 원이에요. 1년 동안 운용되는 총 금액은 약 555조

원에 달합니다. 물론 매년 수치는 조금씩 달라지지만, 규모 자체가 굉장히 크죠. 이렇게 수백조 원이 오가는데도, 이자 수입이 0~1%대인 지방자치단체도 많아요. 심각한 문제죠. 더 큰 문제는, 이자 수입에 대한 정보가 거의 공개되지 않는다는 점이에요. 왜냐하면 이건 '금고의 영업 비밀'이라는 이유로 보호되고 있거든요."*

■ 황당한 지자체 금고 이자율

1	금고에 예금된 세금만 106조원
2	평균 금고 이자율은 고작 1.02%
3	평균 예금금리 2.77%보다도 낮아
4	상승폭은 예금금리의 5분의 1 수준

[자료 | 나라살림연구소]

그는 전국 지자체 금고의 평잔이 약 111조 원이라는 점에 주목했고, 그에 따라 발생했어야 할 수천억 원대의 이자 수익이 어디로 갔는지를 묻기 시작했다. 하지만 돌아온 대답은 '자료 비공개', '금고 은행의 영업비밀'이라는 이유였다.

---

* 송윤정, FY2023 전국 지방자치단체 금고 공공예금이자수입 현황, 나라살림연구소

"지방자치단체 재정진단 연구 과정에서 금고 담당 공무원과 면담을 한 적이 있는데, '이 사람이 은행 직원인가, 공무원인가' 하는 의문이 들더라고요. 단체장의 지시로 수행하는 연구인데, 협조를 하지 않으면서 은행의 입장만 대변하니까요. 2011년에 감사원에서 전국 감사를 한 적이 있어요. 그때 159개 지방자치단체에서 475명의 공무원이 금고 은행이나 법인카드사 지원으로 국외 여행을 다녀왔다는 사실이 적발됐어요. 여행을 가지 않은 지방자치단체에서는 기프트카드를 지급받고요."

감사 이후로 그런 관계들이 수면 위로 올라오진 않지만, 금고 은행의 영업 활동은 계속되고 있다. 그래서 그는 직접 데이터를 확인해보았다.

"지방자치단체 금고 이자는 공식 자료가 없어요. 그래서 저희 연구소의 이상민 수석연구위원과 공개 데이터를 활용한 대리변수를 만들어서 금고 이자 수익률을 추정해보는 작업을 했어요. 지자체가 보유한 현금 및 현금성 자산과 단기 금융상품 예치액 대비 공공예금이자수입 비율을 산출한 겁니다. 실제 금고 계약 내용이나 지자체 자금 예치 현황을 확인할 수 없으니 재무제표와 지방재정연감 정보를 바탕으로 평잔을 추정한 거죠. 지방재정운용의 효율성을 평가할 수 있는 최소한의 근거로서요. 그 결과를 발표했더니 몇몇 지자체에서 실제와 다르다고 항의가 들어오는 거예요. 그래서 얘기했죠. 근거 자료를 보내주시면 다시 분석해서 정정 발표를 하겠다고. 그런데 아무도 자료를 주지 않더군요."

데이터를 바탕으로 매년 보고서를 냈고, 관심을 갖는 사람들도 점점 늘었지만, 보고서를 쓰고 시민들에게 공개하는 일만으로는 문제를 해결할 수 없었다. 이런 가운데 2023년, 해남군의회 정책지원관이 이를 개선하고자 자문을 구해왔고, 협력하여 조례안을 구성했다. 금고은행의 운용 실적에 대한 평가와 투명한 정보 공개를 의무화하는 『해남군 공공자금 운용 및 관리 조례』가 입법 예고되자 조례 제정을 막거나 최소한 조문을 바꿔넣기 위한 금고은행의 압력이 이어졌다. 금고은행의 '영업' 활동의 압박을 지나 2023년 7월 제정된 이 조례는 2023년 지방의회 우수사례 경진대회에서 행정안전부장관상 우수기관 표창, 법제처 선정 2023년 우수자치입법활동 지방자치단체 기초부문 최우수상 수상, 2024년 지방자치학회 우수조례 최우수상을 수상했다. 그리고 2025년 9월 현재 64개 지방자치단체에서 〈공공자금 운용 및 관리 조례〉를 제정하고 있다. 그는 이러한 시도가 시작일 뿐이라고 말한다.

"지방자치단체 현장에선 조례가 있다고 끝이 아니에요. 실제로 관리감독이 이뤄지느냐는 또 다른 문제니까요."

- (재정 관리 및 감시 체계화를 위한 조례 제정 필요) 재정 관리 및 감시 체계화를 위한 조례를 제정하여 자금 운용에 대한 관리감독 등을 시스템적으로 의무화할 필요가 있음. 해남군의 경우 2023년 나라살림연구소의 FY2021 전국 지방자치단체 금고 공공예금이자수입 현황 보고서 발행 이후 나라살림연구소와의 협의를 통하여 「해남군 공공자금 운용 및 관리 조례」를 제정하여 재정 관리를 강화하였으며, 해당 조례는 이후 법제처 주관 2023년 우수 자치입법 활동 기초지방자치단체 부문최우수상을 수상한 바 있음. 이후 59개 지방자치단체에서 「공공자금 운용 및 관리 조례」를 제정하여 현재 시행 중임. 또한 충남 서천군의 경우 부서 간 칸막이에 따른 재정의 비효율적 운영을 해소하고자 2024년 12월 「서천군 재정건전화 및 효율화 조례」 자금 관리의 효율화 뿐 아니라 재정수지, 세입 관리 등 재정건전화를 포괄하여 다루고 있음.

- 2023년 나라살림연구소의 FY2021 전국 지방자치단체 금고 공공예금이자수입 현황 보고서발행 이후 「공공자금 운용 및 관리 조례」 제정 또는 「금고 지정 및 운영에 관한 조례」를 개정 시도한 지방자치단체가 다수 존재하는데, 이에 대한 금고은행의 문제 제기가 있었음. 이에 조례 제·개정 시도를 중단한 사례, 특정 조항을 삭제하여 제·개정한 사례, 보다 소극적인 정보 공개 또는 재정 관리 수준으로 조문을 조정하여 조례를 제·개정한 사례 등이 존재함. 금고은행의 적극적인 문제 제기에 대하여 지방자치단체 및 의회의 대응에 한계가 존재할 수 있음. 이에 지방재정관리 혁신

을 위한 중앙정부 차원의 제도 개선 및 시민사회의 대응이 필요할 것으로 보임. *

지방재정의 관리와 감시에 있어 조례를 제정하는 것보다 중요한 것은 그것이 실질적으로 작동하도록 만드는 것이다. 조직 간 칸막이를 넘어서는 통합적 재정전략회의와 같은 회의체, 집행부의 보고를 해석하고 질문할 수 있는 역량, 이를 뒷받침할 적절한 자원을 동원할 수 있는 환경 등이 필요하다는 것이다.

"지방 의회의 행정사무감사나 예결산 심의 과정에서 자료나 지식이 부족해 집행부의 답변을 더 깊게 파고들지 못하는 경우를 종종 보게 됩니다. 이런 문제들을 보완하기 위해서 컨설팅을 하고 시스템 개선을 위한 조례 제정을 제안하기도 하는데, 조례를 만드는 것보다 더 중요한 건 실행을 어떻게 하느냐겠죠."

공공 예산 감시의 어려움은 정보의 격차 때문만은 아니다. 시스템 자체가 의도된 무기력을 내장하고 있다. 그는 모 지자체 결산검사를 도왔던 때를 회상한다. 의원이 집행부에 자료를 요청했지만, 돌아온 대답은 "그 양식으로는 시간 내에 줄 수 없다"는 거였다. PDF로 된 두꺼운 책자는 줄 수 있지만, 쟁점을 드러내는 방식으로 재구성하는 건

---

* 송윤정, FY2023 전국 지방자치단체 금고 공공예금이자수입 현황, 나라살림연구소

불가능하다는 답변이었다. 게다가 은퇴한 공무원들이 결산검사위원으로 위촉되어 지적 사항에 대해 '원래 그렇다'며 방어하는 식으로 넘어가는 일도 잦다.

"거의 일생을 한솥밥을 먹으면서 검사 대상이 되는 공무원들과 호형호제하는 퇴직 공무원이 결산검사를 하기도 해요. 구조적 문제가 있어요. 비수도권 지역에는 전문가 인력 자체가 부족하기도 하고, 정부 회계나 재정사업은 보통 회계사나 세무사들이 다루는 민간 분야와는 다르기도 하고요. 해결하기 쉬운 문제는 아닙니다."

검토는 형식일 뿐, 실질적인 검증은 없었다. 그는 재정 이슈를 다루며 공공재정 감시의 가장 큰 문제를 확인했다. 형식적인 절차의 준수하며 시민의 눈을 가리는 행태이다. '열람할 수 있다'는 명목만으로는 아무런 의미가 없다.

"비관료 출신 전문가나 민간인들은 공무원이 '원래 그렇다, 어쩔 수 없다'라고 해명하면 '아, 안되는구나' 하고 물러서요. 정부 재정이나 회계를 다룬 경험이 공무원 대비 부족한 건 이해해요. 그런데 싸울 생각조차 하지 않는 건 차원이 다른 문제죠."

숫자 뒤에 의도를 감춘 디테일은 탁월했을지 모른다. 하지만 그는 디테일 속의 악마를 발견해내곤 했다.

감시자가 된 시민 – 시민의 무게와 한계

지방재정의 투명성을 높이려면 지방의회의 역할이 핵심적이다. 하지만 현실은 그렇지 않다. 중앙정부나 국회의 권한과 영향력을 견제하는 감시와는 또 다르게, 지방 자치의 영역에서는 감시의 손이 거의 닿지 않는 사각지대가 존재했다. 특히 재정 분야는 구조가 복잡하고 정보 접근이 어려운데, 그 복잡성을 따라갈 전문 인력은 극히 제한적이다.

"지방의회는 행정조직 대비 너무 작고, 전문 인력이 턱없이 부족해요. 물론 여러 전문가들이 적극적으로 활동하긴 하지만 절대적으로 인력풀이 부족해요. 국회는 어떤 정책 이슈가 생기면 직접적인 이익이 되지 않더라도 가치에 공감하는 전문가들이 자발적으로 모여들지만 지방의회는 그런 생태계가 없어요. 지역으로 갈수록 지방의회에 공급되는 인력 규모가 너무 적고 전문성도 상대적으로 낮은 수준일 수밖에 없죠. 정당들도 그런 인력을 키우려는 노력이 부족하고요."

그는 지방의회 의원들의 대표성과 헌신을 폄하하지 않지만 이런 구조적 부실이 현장을 무력하게 만든다고 지적한다. 현장에서 마주하는 문제들은 제도가 가진 구조적 한계와 현실의 괴리를 여실히 드러낸다.

"현장에서 일하다 보면 이런 회의들이 쌓입니다. 예를 들어 주민참여예산 같은 제도의 경우, 의도는 훌륭하죠. 그런데 현실은 달라요. 참여의 형식만 있을 뿐 실질적 참여 정도는 낮은 경우가 많습니다. 정보공개청구를 해보니 예산 편성 단계 때부터 예산안을 공개하고 의견을 수렴하는 자치단체는 5%도 안된다더라고요.* 그리고 놀랍게도, 의회에도 예산안 종이책자와 PDF 파일만 제공할 뿐, 엑셀 자료는 제출을 거부하는 지방자치단체가 여전히 적지 않습니다. 엑셀 자료를 제출해도 전년도 예산액이나 지출액을 확인할 수 없는 경우가 많고요. 지방자치단체 세입결산액이 큰 곳은 55조 원, 최소 4천억 원 규모예요. 예산안이 의회에 제출되면 심의하는 기간이 30일 남짓 되는데, 그 사이 예산안 검토 뿐만 아니라 각종 회의와 의결 절차를 마쳐야 해요. 예결산 자료 보는 게 본업인 저조차도 그 시간 내에 다 검토할 엄두가 나지 않아요. 하물며 의회에 수천 페이지 종이책으로만 제공하고 데이터를 활용할 수가 없게 한다는 건, 사실상 심의

---

* 구본승 객원연구위원. 전국 지방자치단체·지방의회 예산안 공개/설명회 개최 현황. 나라살림연구소. 2024. 4. 16.

를 무력화 하려는 것이나 다름 없습니다. 중앙부처나 지방자치단체나 누군가 들여다보는 것 자체를 극도로 꺼립니다. IT 강국, AI 활용, 모두 재정 분야에선 요원한 얘기예요."

민간의 이해관계가 분명히 얽힌 사안의 경우, 이해관계자들이 자원을 투입해 전문가를 영입하고 적극적으로 대응한다. 그러나 모두의 이익과 손해로 이어지는, 그래서 한편으로는 '눈 먼 돈'으로도 여겨지는 재정 이슈는 상황이 다르다. 장기간에 걸친 실무적 학습과 훈련이 필요하지만, 대응의 부담은 개인의 선의에 기댈 수밖에 없고, 훈련 체계도 제대로 마련되어 있지 않다.

"더 많은 시민들이 정부회계와 재정을 이해할 수 있도록 하기 위한 노력이 필요하고, 정당이나 시민사회가 나서서 이런 전문 인력을 길러내야 한다고 생각합니다. 그런데 그럴 필요성을 느끼지 못하는 것 같아요. 시장 규모 자체가 작다보니 안정적인 직업으로 이어지는 커리어 패스가 형성되지 못하고, 그 결과 지속적 교육 훈련 투자가 이루어지지 않는 악순환이 일어나요. 그래서 이런 일은 저처럼 철없는 사람들이나 할 수 있는 건가 봐요."

지금도 그는 현장의 연구자로서 늘 한계를 체감하면서도 어딘가에 숨어있을 영업비밀을 파헤치기 위해 계속해서 숫자의 뒷면을 들여다본다.

공공재정에 대한 모니터링 교육 중인 송윤정 연구원

"문제는 상수예요. 모든 정책과 예산에는 의도가 있고, 어떤 의도라도 모두를 만족시킬 순 없으니 어딘가에선 반드시 문제가 발생하죠. 그런데 그 숨겨둔 의도를 반복해서 들여다보는 사람이 누군가는 있어야 한다고 생각해요."

나는 무엇을 목격했는가 - 권력의 전유물이 된 국가재정

윤석열 정부 출범 이후, 예산 편성 변화의 흐름은 분명했다. 2023년 청소년 관련 예산은 전년도 대비 30% 가까이 줄었다. 성평등 예산 사업도 대폭 삭감됐다. "약자를 더욱 두텁게 보호"한다는 미명 하에 선

별 복지를 강화하고 기초수급자를 대거 중도 탈락시켰다.

"한국 재정 정책의 암흑기라고 불러도 무방할 정도예요. 화끈하게 감세하고, 대규모 세수 결손이 나고, 지방자치단체에 주기로 했던 교부세를 일방적으로 삭감했죠. 재정자립도가 낮은 지방자치단체들의 경우 교부세 삭감은 재정 충격이 크거든요. 실제로 이후 많은 지방자치단체에서 세수 과소추계 문제를 지적하면 "언제 갑자기 교부세를 삭감할지 모르니 적극적으로 예산 편성을 할 수가 없다"는 근거를 들기 시작했어요. 1990년 이후 국세 수입이 줄어든 해는 IMF 경제위기, 금융위기, 코로나 위기 그리고 2023년, 단 4번 뿐이었다고 해요. 그 어려운 걸 윤석열 정부가 해냈어요. 2년 만에 세수가 15% 감소했고, 기득권에 도움이 안 되는 모든 것들이 버려졌죠. 취약계층 예산 삭감, 여성가족부 폐지 같은 것들이 그 흐름에서 나왔고요."

2022년 윤석열 정부의 세법 개정에 대한 비판이 이어졌다. 당시 추경호 경제부총리 겸 기획재정부 장관은 세법 개정이 고물가·고금리 시대에 서민과 중산층의 세금 부담을 덜어주기 위함이라고 얘기했다. 부자들만 혜택을 보는 것 아니냐는 우려에도 "대기업=부자로 보는 프레임에 동의하지 않는다"며 중소기업에 유리한 세제 개편이라고 반박했다. 종부세 정책과 함께 기업 감세는 경제 재정 선순환의 장치이므로 부자 감세가 아니라고 선을 그었다. 법인세 인하는 부자 감세가 아니며 투자와 경제성장으로 이어져 궁극적으로 국민 모두에게 돌아온다는 메시지를 강조했던 추경호 전 기재부 장관의 말은 모두 거짓이었다.

"문재인 정부 때는 재난지원금 보편지급 절대 안 된다더니, 윤석열 정부 들어서자마자 소상공인 손실보상금을 뿌리더군요. 법인세 감세해서 56조 원의 세수 결손을 내고는 그게 감세가 아니라고 주장하고요. 누가 봐도 뻔한 거짓말이죠. 2022년 이후 발표된 감세 정책 중에 합리적으로 설명되는 게 없어요. 구체적 근거나 효과에 대한 설명 없이 '정무적 판단'이 이루어졌고, 과학적 비판이 제기되면 사실을 호도하는 것으로 일관했죠."

정권의 변화가 곧 정책의 변화라는 사실은 새삼스러운 일이 아니지만, 윤석열 정부의 정책 변화는 추구하는 가치나 철학을 알아볼 수가 없었다. 공공임대주택이나 긴급복지지원 같은 복지예산, 그리고 과학기술 R&D예산 등이 대거 감액된 배경을 두고 그는 묻는다.

"정권이 바뀌면서 정책 기조가 바뀌는 것은 당연하다고 생각해요. 다른 철학을 가진 정부가 들어서면 그 정부를 선출한 국민의 뜻을 펼치는 것이 민주주의의일 테니까요. 재정 강의를 듣던 시민들이 정권이 바뀌었다고 중기재정계획상 있던 사업을 마음대로 바꿔도 되는 거냐고 질문한 적이 있어요. 제 답변은 그것이 정치의 목적이고, 그렇기 때문에 시민이 참여하고 감시해야 한다는 것이었어요. 정치 권력의 핵심은 인사와 재정 권한이고, 새로운 선출자는 그 권한을 활용하여 변화한 시민의 열망을 구현하는 정책을 하는 것이 당연하며, 그것이 바람직하지 못하다면 비판하고 대응하는 것이 시민이 해야 할 일이라고요. 그런데 윤석열 정부는 무엇을 추구하는 걸까. 왜 정치를 하는 걸까. 이들에게 중요한 게 과연 뭐였을까? 이해할 수가 없었어요. 공익적으로 이롭게 하고자 한 바가 무엇인가는 있었을 거라고 생각하고 싶었어요. 다수의 지지를 받으며 선출된 권력이었으니까요. 그런데 온갖 삿된 행태만 보여서 끝내 모르겠더니, 결국 비상계엄까지 선포하더군요. 그 이후의 행태 또한 추잡하기 이를 데 없었고요."

정보공개 역시 지난 정부에서는 특히 더 불투명했다. OECD 기준으로 한국의 정보공개 지표가 우수하다고 평가되지만, 실제로 내부를 들여다보면 그렇지 않다.

"데이터를 활용할 수 없는 형태로 존재하는 경우가 많습니다. 아무런 유의미한 정보도 얻을 수 없는 데이터로 채워져 있는 경우도 많고요. 과거엔 공개하던 각 부처의 예산요구서 자료를 주지 않길래 확인을 해봤더니 기재부에서 "제공하지 말라"고 각 부처에 전화까지 돌리면서 공개를 막고 있었어요. 국회의원이 달라고 해도 안 줍니다. 웃긴 건 부처마다 전화를 돌리면서 청에

중앙 및 지방정부의 정보 비공개 실태를 비평한 보고서

는 연락을 안해서 청에서는 자료를 줬다더라고요. 이게 지금 한국 행정의 현실이에요."

시민단체 함께하는 시민행동과 언론사 뉴스타파는 기획재정부에 제출되는 예산요구서에 대한 행정소송을 진행했고 2024년 3월 27일 대법원 최종판결에서 '공개해야 한다'는 판결을 받아냈다. 기재부는 상고했고 비상계엄 하루 전날인 2024년 12월 2일, 대법원은 상고를 기각하는 최종판결을 내렸지만 기재부의 자료 비공개 입장은 여전히 강경하다.

기획재정부는 공식 추경 규모 자료에서 매번 산정 기준을 달리하여 민간의 분석을 어렵게 만든다. 추경 규모에 대하여 어느 때에는 증액규모와 감액규모를 상계한 순증금액을 발표하고, 또 어느 때에는 증가 총액만 발표하고, 또 어느 때에는 국채상환액을 포함하고 어느 때에는 포함하지 않는 식이다.

"매번 발표하는 기준이 바뀝니다. 민간의 모니터를 무력하게 만들기 위해서일 수도 있고, 추경 규모를 부풀리거나 축소시켜 발표하는 데에 효익이 있었는지도 모르죠. 윤석열 정부 뿐 아니라 이전에도 계속 있었던 일이에요. 그런데 윤석열 정부의 추경호 기재부 장관 같은 인물이 그런 것들을 가장 잘 활용했다고 봅니다. 관료로서 가장 고급 정보를 가지고 있으면서 그걸로 어떤 식으로 국민을 기망하는가에 대해 훈련된 사람이었던 것 같아요. '국민들은 잘 모르니까 이렇게 해도 된다'는 경험의 축적이 결국 그런 괴물을 탄생시켰다고 생각합니다."

이러한 기만이 반복되면서, 시민은 예산을 감시할 도구마저 점점 잃게 된다. 가장 큰 문제는 거짓말이 용인되는 환경이다. 이처럼 명백한 거짓과 기만이 아무런 문제도 일으키지 않는다고 생각하는 그들의 세상은 어떻게 만들어졌을까?

"국가 예산을 마치 자기 재량 자원처럼 쥐고 있다가 어느 때에만 선심쓰듯 풀어내며 누군가에게 유리하게 쓰는 관행이 이어지고 있습니다. 그렇게 운용하는 사람들에게는 언젠가 자신에게 돌아올 몫이 있을 거라는 확신이 작동하는 거겠죠. 국가의 재정을 사유화하고 그 바탕 위에서 자신의 입신이 가능하다고 믿는 사회가 과연 건강한 사회일까요?"

1천억 원, 간접 비용을 포함하면 12조 원이 넘는 것으로 추계되는 대통령실 용산 이전 비용, 그럼에도 부족해서 영빈관을 신축하겠다고 하는가 하면 그 과정에서는 각종 불법적 계약과 특혜 시비가 불거졌다. 윤석열 정부는 은밀하고 정교하게 예산의 공공성보다 정치적 거래와 사적 이익을 앞세워왔다. 국가재정을 특정 권력 집단의 필요를 위한 도구로 전유하려는 시도로 밖에 설명할 수 없다.

불필요할 만큼 복잡하게 설계된 행정시스템도 이런 시도가 가능한 이유 중의 하나일 것이다. 그리고 이런 일들이 반복되면 시민들은 이 복잡성 뒤에는 복잡할수록 이득을 보는 누군가의 존재가 숨겨져 있다는 의구심을 가지게 된다. 그는 시민들로 하여금 이런 의구심조차 갖지 않게 하려면 공공의 정보들은 투명성이 원칙적으로 보장되어야 한다고 주장한다.

"제가 서울시 시민감사옴부즈만위원회 시민참여옴부즘만으로 있을 때 일이에요. 회의 절차가 원칙적으로 공정하게 이루어지는지 모니터링을 하는 것이 제 역할이었어요. 하루는 제안서평가위원회에 들어갔는데, 회의 마지막에 위원들에게 '이 회의록을 공개하시겠습니까?' 의견을 묻더라고요. 그런데 다들 웃으면서 '일단은 비공개로 하시죠' 하고는 회의를 끝내는 겁니다. 저는 이 자체가 대단히 문제가 있다고 생각했어요. 공공의 사업을 다룬 회의록은 공개를 기본 원칙으로 해야 투명성이 담보되죠. 피치 못할 사유가 있을 때에만 비공개 해야 하고요. 행정 과정에서 일정 수준의 정보 공개는 자동적으로 이루어질 필요가 있다고 봐요."

공공의 정보가 행정 편의를 이유로 감춰지는 구조가 현장에 깊게 뿌리내리고 있음을 수 차례 경험했다. 복잡한 행정 구조와 불투명한 정보공개의 벽은 결국은 사회 전체의 신뢰와 공동체의 미래에 영향을 끼친다.

"정부 운영에 있어서 복잡성을 지양하고 단순화와 투명성을 위해 더 적극적으로 나서야죠. 시민사회 역시 단순한 정보 수용자가 아니라 비판적 감시자, 정책의 감시자가 되어야하구요."

정책은 권력의 기호가 아니라 사회의 기본선을 지키는 것이어야 한다. 하지만 윤석열 정부의 숫자는 거꾸로 움직였다. 숫자 뒤에 숨은 권력의 의도는, 그렇게 아무 설명 없이 대한민국을 지배했다.

그리고 2024년 겨울, 윤석열 정부는 비상계엄을 선포했다. 그에게 이 사안은 실제적인 삶의 위협으로 다가왔다. 자신이 쓴 재정 분석 보고서 한편, 특정 정책의 왜곡을 지적한 칼럼 하나가 곧바로 통제와 탄압의 근거가 될 수 있다는 두려움은 이제 더 이상 가정이 아니라 현실의 그림자였다.

"실존적인 위협이 다가오니 그냥 무서웠어요. 활동가로 일하면서 국가폭력 피해자 사례를 많이 보고 들었거든요. 개인과 가족, 공동체의 삶이 송두리째 뒤흔들리는 것을 지켜본 장면들이 겹쳐지면서, 국가가, 권력이 시민을 존중하지 않을 때 얼마나 무서운 일이 벌어질 수 있는지에 대해서는 한계가 없다는 생각을 했어요. 아마도 그런 경험들이 저를 더 크게 두렵게 만들었던 것 같아요."

공개가 법적으로 보장된 재정 정보에 대한 연구 활동조차 불온한 것이 될 수 있는 시대, 정권의 불법적 계엄 시도로 그는 하룻밤 새 평범한 시민에서 탄압받을 수 있는 사람이 되어 있었다. 그는 자신이 하는 일이 '불편한 사람들의 권리를 말하는 일'이었다는 걸 다시 확인하게 됐다. 그리고 그 불편함이 권력에게 위협이 되었을 수도 있다는 사실도 말이다.

2024년 2월 비상계엄 관련 문건이 공개되었다. 기획재정부가 계엄령 시나리오에 맞춰 국가 비상사태에 대응하는 '비상입법기구' 예산을 편성하라는 지시가 담긴 쪽지를 전달받았다는 사실이 알려졌다.*

"만약 그 계엄이 성공했더라면 순식간에 후진국으로 전락해 버렸겠죠. 경제적으로도, 인권적으로도요."

외국 자본의 급격한 이탈, 급락하는 신용도, 사회 전반의 투자 위축과 국민의 소비심리 악화. 국가의 신뢰 자체가 끝도 없이 무너져 내렸을 것이다. 국격과 경제위기, 그런 것쯤은 아랑곳 않고 그들은 국가재정의 사유화를 너머 전유물로 소유하려는 시도를 했다.

"그게 시작이었겠죠. 국가 권력을 대놓고 사적으로 유용하겠다는 신호탄 아니었을까요?"

헌법질서의 위기를 통과하며 시민으로서의 권리와 일상을 지킬 권리를 박탈당할 뻔한 경험을 한 이후, 그는 스스로에게 던진 질문에 오

---

* 기록을 진행중이던 2025년 8월 16일, 윤석열 전 대통령을 구속기소한 조은석 내란특검이 최상목 전 경제부총리 겸 기획재정부 장관을 '계엄쪽지' 관련 위증의혹으로 참고인 조사했다.

공공재정의 영업비밀을 드러낸, 시간의 기록 | 165

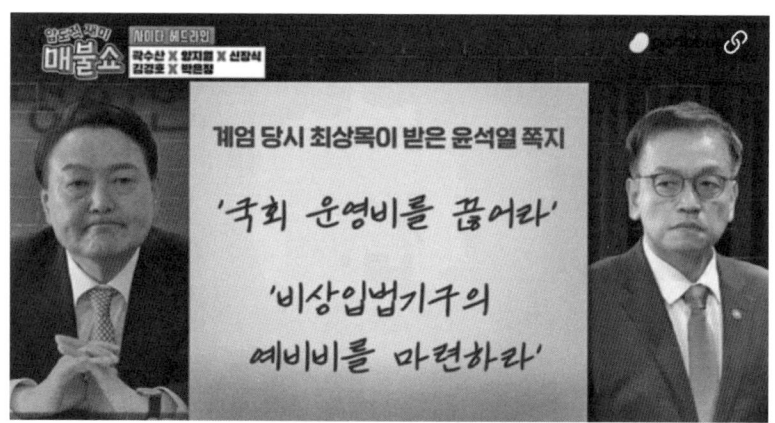

계엄 당시 최상목이 받은 윤석열 쪽지   출처 유튜브 〈매불쇼〉

래 머물렀다.

"왜 우리는 이런 사람을 대통령으로 선택했을까. 동료 유권자들에 대한 회의, 민주주의에 대한 근본적인 의문이 들었습니다. 지금 우리가 살아가는 이 시대가 역사상 가장 고도화된 수준의 민주주의 사회라는 게 믿기지 않았어요. 오늘날 같이 투명성이 극대화된 시대에, 과연 저 사람이 어떤 인물인지 몰랐을 리 없는데, 그렇다면 그런 사람을 후보로 내세운 정당은 무엇이며, 또 그 정당은 왜 아직까지 존속할 수 있는 것일까요? 결국 자기 자리만 지킬 수 있다면 공동체나 다른 가치들은 아무런 의미가 없는 걸까요?"

한 걸음만 잘못 디뎠다면 되돌릴 수 없는 길로 접어들 뻔 했던 2024년 겨울, 위기의 정점에서 그는 자신이 해 오던 연구자로서의 역할, 그 속에서 민주주의의 단서를 찾는다. 비상계엄 시도가 실패로 끝나고, 윤석열 전 대통령이 탄핵되는 과정을 지켜보며 그는 확신했다. 권력이 감추고 싶은 진실을 담은 숫자, 그 숫자를 해독할 줄 아는 시민들은 그가 생각하는 민주주의의 또 하나의 보루였다.

"누군가의 사적 욕망, 조직들의 이해관계가 예산서의 행간으로 파고들 때 훈련된 시민이어야 그걸 알아보고 바로잡을 수 있어요. 권력이 세상을 쉽게 속일 수 없도록 우리가 깨어있어야 합니다."

그래서 그는 여전히 공공기관의 재정과 조직을 들여다본다. 각종 법령과 제도를 모니터링 하고 개선 방법을 제안한다. 사소해 마지않은 숫자 하나까지 놓치지 않는다. 그것이 그가 할 수 있는 최선의 방식이기 때문이다. 이 '사소한 감시'가 민주주의의 근육을 유지시키는 일이라는 걸 그는 경험을 통해 체득했다.

다시, 공동체를 상상하다

2024년 한겨울, 윤석열 전 대통령의 탄핵 인용을 기다리며 사람들은 광장에 모였다. 손에는 촛불 대신 빛나는 응원봉이 들려 있었고, 분노와 함께 연대의 외침이 공간을 채웠다. 그는 가족과 함께 광장에 섰다.

"딸을 낳던 날이 생각나요. 출산 예정일이 한 일주일 정도 지난 상황이었는데, 주민센터에서 지방선거 사전투표를 하고 집에 갔더니 진통이 시작됐어요. 친구는 '그 몸으로 투표를 하러 갔냐'며 웃더라고요. 그런데도 지방선거 결과는 실망스러웠고, 산후조리원에서 "우리 딸이 태어났는데 대통령이 윤석열이라니…" 하고 낙담하던 기억이 나요. 기대는 없지만 그래도 잘해주길 바랐는데 설상가상 비상계엄령 선포라니요. 우리 딸이 살아갈 나라가 어떻게 될 것인가 우려가 됐죠."

어린 아이를 키우는 환경에서 집회에 나간다는 건 쉬운 일이 아니지만 그럼에도 불구하고 그는 아이의 손을 잡고 광장으로 향했다.

"최고의 연대는 머릿수 연대라고 생각해요. 우스갯소리로 두 번째는 입금 연대라고, 못가면 입금이라도 하라고 농담처럼 말하곤 하는데… 어떤 방식의 참여든 중요하지만, 영향력은 물리적 참여에서 나온다고 생각해요. 아무리 훌륭한 생각을 가지고 있더라도 침대에만 누워 있으면 그의 세상은 나아지지 않거든요."

처음엔 잠깐 들렀다가 돌아오는 식이었다. 한 손에는 아이의 손을,

다른 손에는 응원봉을 들고 시민들과 함께 빛을 흔들던 그 밤. 어쩌면 아이는 그곳에서 민주주의를 처음 배웠는지도 모른다. 딸과 함께 광장에 섰던 기억을 얘기하며 그는 '키즈버스'와 '별들의 집'에서 경험한 감동을 떠올렸다.

"지우 엄마가 아이 500일 기념 여행 적금을 준비했었대요. 그런데 '나라가 이 꼴인데 무슨 여행이냐' 싶어서 그 돈으로 버스를 빌렸다더라고요. 집회 장소같이 사람이 많은 곳에서는 유아차를 끌기도, 기저귀 갈 곳을 찾기도 어렵거든요. 그래서 대형버스를 빌려 시위 현장 인근에 주차하고, 아이와 보호자들이 몸을 녹이고 쉬어갈 공간으로 제공한 거죠. 아이와 함께 광장에 나온 많은 엄마들에게 큰 도움이 됐어요. 쉬어갈 공간이 있다는 점에서도, 같은 처지인 사람들의 연대의식에 있어서도요."

'윤석열 탄핵'을 외치러 나온 수십 만의 인파가 몰린 광장에 버스를 세워두는 일이 쉬운 일은 아니었다. 방법을 찾고 있는데 이태원 참사 유가족들의 추모 공간인 '별들의 집'에서 '키즈버스'에 또 다른 공간을 제공했다. 어딘가에서 시작된 연대가, 또 다른 연대로 이어지는 기적이었다.

"이태원 참사 유가족들께서 기꺼이 공간을 내어주셨고, 아이가 없는 자원봉사자들도 참여해서 분유나 기저귀 같은 용품을 정

키즈버스에 동참한 시민들과 함께

리해두고 자리를 지키며 편안하게 아이와 엄마들이 쉬어갈 수 있게 해주셨어요."

비상계엄이라는 사회적 트라우마를 함께 연대하며 헤쳐 나가기 위한 자리에서 형용할 수 없이 큰 트라우마를 먼저 겪은 이들이 기꺼이 내어주는 공간, 그 안에 성숙한 민주주의가 있었다.

윤석열 전 대통령의 탄핵이 인용되던 날에도, 그는 광장으로 나갔다. 아이가 살아갈 세상에 대한 책임감이기도 했다.

"똑바로 지켜보고, 기록하고 싸워야 해요. 권한을 준 사람들을 배신하는 저 행태에 대해서요. 최소한 그 거짓말, 기만을 알아차리고, 알려야 한다고 생각해요. 엘리트 코스에 올라 권력을 쥔 인간들이 어디까지 가는지, 지난 비상계엄이 똑똑히 보여주었어요."

보통의 삶을 사는 사람들은 말하지 않아도 서로의 삶을 이해하고 공감한다. 이 공감은 자연스러운 연대로 이어진다. 하지만 한국식 능력주의 질서 속에서 소위 엘리트 궤도에 올라탄 사람들에게는 이런 감각이 결여돼 있다. 그들에게 공동체는 삶의 조건이 아니라 성취의 배경이자 관리의 대상일 뿐인지도 모르겠다. 우리 사회는 오랫동안 이런 엘리트주의를 우상화 해왔다.

응원봉을 들고 탄핵집회에 참여한 그의 가족

"가족 중에 시골 출신이 있어요. 그 지역에서 공부 좀 한다는 아이들은 중고등학교에 진학할 때 대부분 군에서 인접 시로 전학을 갑니다. 도내의 인재들이 몇 개 학교에 모여서 치열하게 공부해요. 그 지역을 떠나는 것을 목표로요. 그리고 떠난 아이들은 다시 돌아오지 않습니다."

서울에서 입신양명하는 것이 곧 성공이고, 고향으로 돌아가면 실패로 여기는 사회적 관념 속에서, 그들은 '이곳을 떠나기 위해' 공부했던 것이다.

"서울 중심주의와 출세 지향적 엘리트주의가 사회를 어떻게 만들었는지를 보세요. 서울살이는 팍팍하지만 떠날 수가 없고, 지방의 대부분은 소멸의 기로에 놓였어요. 과밀한 수도권에서 생존을 위해 너무 많은 노력을 해야 하고, 노력해도 사람으로서 존중 받으면서 일하기 쉽지 않고, 그래서 너무 많은 사람들이 행복하지 않고 서로 상처 주고 받는 것 같아요. 기형적인 사회예요."

정부는 이에 대해 아무런 책임도 지지 않는다. '지방소멸대응기금'이라는 이름의 일조 원짜리 기금을 만듦으로써 문제를 해결할 수 있을 듯 포장한다. 하지만 이 기금의 배분 기준도, 실질적 영향도 시민들은 알 수 없다. 심지어 어디서 어떤 사업을 하고 있는지도 구체적으로 공개하지 않는다. 더 나아가, 기만의 태도를 다시 한 번 본다. 이미 지역균형발전특별회계를 통해 20년 간 200조 원을 쏟아 부었지만, 그 결과는 작금의 현실이다. 지방소멸위기를 재정 투입만으로 해소할 수는 없음은 이미 방증되었다.

"지방자치단체 공무원이나 의원들이 지방소멸대응기금에 관심이 많아요. 언론도 그렇고요. 그런데 정작 정부는 보도자료만 배포하고는 '우리는 잘 하고 있다'는 식이에요. 실질적인 정보는 안 줍니다. 정부는 기금을 배분한다는 사실과 몇 개 자랑할만한 사례를 발표할 뿐, '어디에', '어떻게', '얼마를' 주는지 구체적으로 말하지 않아요. 전체는 감추고 부분만을 확대해서 보여주는 거죠. 이게 고도화된 행정이라면, 정말 슬픈 일입니다."

지역은 본질적으로 사람이 살아가는 삶의 공간이다. 그는 지방 소멸의 문제를 해결하는 가장 큰 열쇠도 정치에 있다고 믿는다. 본질적으로는 기존의 중앙집중적이고 배타적인 엘리트주의가 아니라, 지역 생활 여건을 개선하고 분권적 구조를 통해 지역사회와 공존하는 방향으로 개선될 필요가 있다는 것이다.

"정치는 사람을 살리고 공동체를 회복하기 위한 것이어야 해요. 그런데 지금까지 이 사회를 움직여 온 사람들이 누구인지를 보세요. 그들이 무엇을 옹호하는가를 보면 한국 사회의 현재가 설명되는 것 같아요. 윤석열, 한동훈, 한덕수… 모두 기득권 중심의 편협함을 드러냈고, 정책적 발언은 거의 없었어요. 간혹 있더라도 공허하기만 했습니다."

자산 양극화도, 소득 불평등도 점점 심해지는 현실의 원인을 그는 그간의 정책 결정자들의 삶에서 찾는다. 그들의 경험은 현장의 삶과 괴리 돼 있으며, 국민의 목소리는 걸러진 채 전달되기 때문이다.

"정책 결정 과정 참여자들의 삶과 대다수 국민의 삶이 지나치게 유리되어 있다고 생각해요. 이를 개선하기 위해선 조금 더 진지한 고민이 필요하겠죠. 공익 활동을 생업으로 하면 사람들이 헛똑똑이라고 그래요. 각자도생을 유일한 전략으로 학습한 국민에게, 공동체란 그저 헛된 낭만으로 비칠 뿐이거든요."

하지만 이런 사회일수록 정치가 제 역할을 해야 한다고 강조한다.

"정치의 정의를 '자원의 권위있는 배분'이라고 하는데요, 저는 자원 배분의 목표가 희망을 조성하고 나누는 것이어야 한다고 생각해요. 그런데 현실에서의 정치 과정은 많은 경우에 권력이나 재원의 배분에 그치더라고요."

공동체의 공공선을 향한 집단적 요구를 실현하는 것이 곧 민주주의다. 공공성의 회복을 위해서는 깨어 있는 시민의 눈이 필요하다. 지난하고 수고로운 일이더라도, 바로 이러한 노력이 민주주의를 지탱하는 가장 기초적 노동이라 그는 말한다. 시민들이 감시자가 되어야 하는 이유다.

"시민들에게는 이미 권리가 주어져 있어요. 정보를 요구하고 질문할 수 있는 권리 말입니다. 행정은 시민이 질문하고 요구하는 만큼만 투명합니다. 그 이상의 정보를 공개할 유인이 없어요. 그렇기 때문에 계속 질문해야 합니다. 그 예산은 어디에 쓰였는지, 그 정책은 누구를 위한 것인지 말입니다."

그는 강연을 맺을 때마다 아론 윌다브스키 Aaron Wildavsky 와 제이콥 루의 Jacob Jack Lew 말을 인용한다.

"예산은 정치 투쟁의 결과이자 기록이다."
정치를 국가정책 결정에 있어서 누구의 주장이 관철되는가에 관한 투쟁이라고 한다면, 예산은 이와 같은 투쟁 결과에 대한 기록이라고 할 수 있다. 또한 정치를 정부가 당면한 긴박한 문제의 해결을 위해 자원을 동원하는 과정이라고 한다면, 예산이야말로 이와 같은 노력의 초점인 것이다. 따라서 예산은 정치과정의 중심에 자리 잡고 있다.

— Aaron Wildavsky *

"예산은 단순한 숫자의 나열이 아니라, 그 사회가 어떤 가치를 중요하게 생각하는지 보여주는 철학이다"
"Budgets are not just a collection of numbers, but an expression of our values and aspirations."

— Jacob J. Lew **

---

* Aaron B Wildavsky, The politics of the budgetary process, 1964.
** Jacob Jack Lew, "The Easy Cuts Are Behind Us", The New York Times 칼럼, 2011. 2. 5.

정치는 늘 이해관계로 얽힌 권력 간의 다툼이고 예산은 그 싸움의 흔적이자 결과이기에 시민 스스로 감시자가 되어 주어진 권리와 책임을 다해야 한다. 그것이 바로 민주주의를 지켜내는 시민의 역할이며, 더 나은 공동체를 향한 참여의 방식일 것이다.

"어려서부터 스스로 문학과 예술을 사랑하는 애호가라고 생각했어요. 동시에 물적 배경을 차치하고도 유미주의적인 삶을 살 수 있다는 것을 증명해 내고 싶다는 치기 어린 마음도 있었고요. 그런데 스스로 생계를 꾸리고 가정을 이루며 부양하는, 그 자연스러운 생의 과정이 곧 유물론자가 되어가는 일이더라구요. 하지만 여전히 경제적 생산성에 매몰되지 않는 것, 아름다운 공동체를 꿈꾸는 것이 인간다움이라고 생각해요."

빵을 차치하고 장미를 좇는 삶을 살아내고 싶었던 그는 그때도 지금도, 여전히 '빵과 장미' 중 '장미'를 택하는 삶을 살고 있는 것처럼 보인다. 그가 이력서 한편에 적어 넣는 이 말이 바로 그 이유다.

'함께 꿈을 꾸면 현실이 될까 하여…' *

이 말은 그가 지향하는 세상의 방향과도 맞닿아 있다. 혼자 꾸는 꿈

---

* 오노요코 〈Grape fruit〉에서 인용. 1964년 출간.

은 희망일 뿐이지만, 함께 꾸는 꿈은 현실이 될 수 있다. 그 믿음을 잃지 않는다면 모두의 삶이 존중받는 더 나은 사회를 향해 한 걸음 더 나아갈 수 있을 것이다.

함께 꿈꾸는 일을 현실로 만들어 내기 위해 그는 여전히 예산서의 숫자 속에 숨겨진, 함께 지켜내야 할 가치를 살핀다.

epilogue

"여정의 끝에서 다시 묻습니다"

2024년 겨울은 우리 모두에게 믿을 수 없는 시간과 사건의 연속이었습니다. 그래서 처음 이 기록을 시작할 때 가졌던 다짐이 인터뷰를 하고 정리와 교정, 퇴고를 반복할수록 점점 더 조심스러워졌습니다. 기록의 한계에 대해 자주 생각하게 됐습니다. 타인의 말을 그저 옮긴다는 것은 얼마나 불충분한 일인지, 내가 놓친 것은 없는지 들여다보기를 반복해야 했습니다.

한계조차 있는 그대로 드러내야 한다는 각오로 여전히 이 질문을 해결하지 않은 채 이 책을 마무리하기로 결심하면서 다시 한 번 들여다본 이들의 이야기 속에서도 제가 느꼈던 두려움을 보았습니다. 냉철한 이성으로 단호하게 전한 이야기도 있었지만 주저하고 흔들리며 머뭇거리는 순간도 분명 있더군요. 그 불완전함이 오히려 진실에 가깝다고 여겨졌습니다.

여성운동가, 미디어학자, 문화기획자, 재정연구원. 제가 만난 이들은 스스로 선택한 역할이나 세상이 부여한 이름에만 기대어 살지 않습니다. 스스로의 감각과 판단으로 사회의 흔들림을 끊임없이 되짚으며 자신에게 주어진 질문 앞에서 도망치지 않습니다. 그랬기에 각자의 삶과 업, 신념이나 성장의 서사가 시대적 질문과 맞닿았을 때 그 경험은 개인적인 것에 그치지 않았습니다.

이들의 이야기를 듣는 동안 2024년 겨울 대한민국을 뒤흔들었던 그 일이 하루 아침에 터져 나온 것이 아니라는 걸 다시금 깨달았습니다. 오랜 세월동안 시스템의 뿌리가 썩고 구조 곳곳에 응축된 문제들이 있어왔기에 필연적으로 발생한 일이었던 겁니다. 우리의 무관심과 외면이야말로 뿌리깊은 문제와 갈등을 이용하려는 내란세력들의 가장 달콤한 영양분이 되었다는 뼈아픈 진실을 마주해야 했습니다.

하지만 이 고통의 시간을 통해 교묘하게 숨겨져 있던 근본적인 문제와 부패의 뿌리가 선명하게 모습을 드러냈습니다. 그리고 우리가 무엇을 해야하고, 무엇을 할 수 있는지를 알게 됐습니다.

19세기 미국의 대표적인 노예 제도 폐지론자였던 철학가 웬델 필립스Wendell Phillips는 이렇게 말했습니다.

"혁명은 만들어지는 것이 아니라 발생하는 것이다. 그것은 참나무와 같이 자연스럽게 성장하는 것에 불과하고 그 뿌리는 훨씬 이전부터 깊숙이 박혀 있다."

필립스의 이야기처럼 우리 안의 뿌리도 자연스럽게 성장해 왔던 겁니다. 깊숙이 박힌 부패의 뿌리를 걷어내고 건강한 토양을 만들어 새로운 씨앗을 심을 수 있는 힘 역시 우리 안에 있다는 것을 이들이 전하는 이야기를 통해 확신할 수 있었습니다.

한 사람 한 사람과 나눈 이야기들을 다시 한 번 들여다봅니다.

심미선 교수가 한 학생에게 들려주었다는 '결핍과 상처를 꺼내놓는 힘'은 지금의 우리 사회에 반드시 필요한 이야기이며, 그 힘이 생각보다 크고 멀리간다는 것을 깨닫습니다. 우리 사회가 억눌러온 결핍이나 트라우마를 스스로의 힘으로 자산으로 바꿀 수 있다고, 진짜 성장은 숨겨진 결핍을 끄집어내는 용기에서 시작된다고 말합니다.

'답을 찾기 위해서 끊임없이 질문했다'는 임윤옥 대표의 이야기는 멈추지 않는 질문만이 변화를 가능하게 한다는 것을 다시 한 번 되새기게 합니다. 여성의 현실, 혐오와 차별, 구조적 모순에 대해 질문하는 것이 변화의 씨앗이 되어 새로운 길을 엽니다.

'크게 눈을 뜨고, 제가 볼 수 있는 것을 본다'는 것은 송윤정 연구원의 직업적 사명감에서 나온 말이지만 감춰진 진실을 외면하지 않는 책임있는 시민의 자세를 배웁니다. 시민이 눈을 뜨지 않으면 권력은 언제든 또 다시 진실을 감출테니까요.

'이름없는 이들의 고통을 외면하지 않을 때 예술은 살아있는 힘을 가질 수 있다'는 유사원 대표의 태도는 공동체의 고통에 공감할 줄 아는 것이 곧 연대의 힘이라 말하고 있습니다. 공감과 연대야말로 우리를 버티게 한다는 것을 지난 겨울의 우리는 누구보다 깊이 체감했습니다.

이렇게 적고 보니 이 이야기는 앞으로 우리가 살아갈 삶의 방식에 대한 제안이라는 생각도 듭니다. 이들 스스로가 던진 질문이 실천의 언어가 되고, 살아가는 방식이 된 것처럼 말입니다. 우리가 계속해서 질문을 멈추지 않을 때 그 질문들은 공허한 메아리로만 남지 않을 것입니다.

이 기록이 우리가 통과한 시간을 공유하는 증언의 힘이 얼마나 강한 힘을 갖는지를 증명할 수 있다면 좋겠습니다. 그것으로도 이 기록의 의미는 충분하다고 믿습니다.

이 기록을 정리하는 동안, 지난 겨울 나 혼자 겪은 것 같았던 혼란과 두려움, 불안과 분노가 결코 혼자만의 것이 아님을, 한 사람의 작은 목소리가 세상을 바꾸는 힘이 될 수 있다는 것을 알 수 있었습니다.

폐허의 터에서, 새로운 대한민국이 시작됐습니다. 제21대 대통령이 선출되고 이재명 정부가 들어서면서 놀랍게도 우리가 되뇌었던 문제들이 빠르게 응답을 얻기 시작했습니다. '방송3법'이 국회 법사위를 통과하며 공영방송의 독립성을 강화하는 시도가 본격화되었습니다. '노란봉투법'과 '상법개정안' 역시 본회의를 통과해 시행을 앞두고 있습니다. 노동권 보호가 법제 논의로 옮겨간 것은 우리의 질문들이 제도적 변화를 향해 나아가고 있다는 증거입니다. 우리가 낸 목소리가 제도와 정책을 변화시키고 세상을 바꾼 것입니다.

세상은 변화를 시작했다고 믿지만 우리의 질문은 완결되지 않습니다. 이제, 다음 시대가 더 나은 질문을 던질 수 있도록 증언의 바통을 건넵니다. 언젠가 이 기록 위에 또 다른 질문들이 쌓여 더 나은 민주주의, 더 넓은 연대, 더 자유로운 미래로 이어지기를 바랍니다. 이렇게 오늘의 기록이 내일의 연대로 이어지면 좋겠습니다.

그래서 이 책의 마지막 문장은 비워둡니다. 지금 이 글을 읽는 당신이 자신만의 문장으로 이 기록을 채워주기를 기대합니다.

도심 한복판을 가로막은 장갑차의 진동,
국회 상공을 나는 헬기,
총을 든 군인, 그들을 맨몸으로 막는 시민,
시민들의 도움으로 국회의 담장을 넘던 국회의원들,
차오르는 분노를, 다시는 지지 않겠다는 굳건한 마음으로 다스려야 했던 차갑고 시리던 그 밤.

"당신은 무엇을 목격했습니까?"

계엄에서 탄핵까지

123일, 시간의 기록

초판1쇄 발행 | 2025년 12월 3일

증 언 심미선, 임윤옥, 유사원, 송윤정
기 록 남효민

펴낸이 이동석
펴낸곳 일파소

출판등록 2013년 10월 7일 제2013-000294호
주소 서울특별시 영등포구 영등포로 231-1, 3층 (07250)
전화 02-6437-9114 (대표)
e-mail info@ilpasso.co.kr

ISBN   979-11-94055-04-4(03340)

이 책은 일파소가 저작권자와의 계약에 따라 발행한 것이므로,
본사의 서면 허락 없이는 어떠한 형태나 수단으로도 이 책의 내용을 이용하지 못합니다.
책값은 뒤표지에 있습니다.
파본은 구입하신 서점에서 교환해 드립니다.